本成果受国家社科基金项目资助(项目编号 **14BGL163**)。

我国文化产业安全预警体系构建研究

周晓宏 等 著

人民出版社

责任编辑:王艾鑫
装帧设计:朱晓东

图书在版编目(CIP)数据

我国文化产业安全预警体系构建研究/周晓宏 等著.—北京:人民出版社,2019.12
ISBN 978-7-01-020782-7

Ⅰ.①我… Ⅱ.①周… Ⅲ.①文化产业-安全-预警系统-研究-中国 Ⅳ.①G124

中国版本图书馆 CIP 数据核字(2019)第 084073 号

我国文化产业安全预警体系构建研究
WOGUO WENHUA CHANYE ANQUAN YUJING TIXI GOUJIAN YANJIU

周晓宏 等 著

人民出版社 出版发行
(100706 北京市东城区隆福寺街 99 号)

北京中兴印刷有限公司印刷 新华书店经销

2019 年 12 月第 1 版 2019 年 12 月北京第 1 次印刷
开本:710 毫米×1000 毫米 1/16 印张:11.5
字数:233 千字

ISBN 978-7-01-020782-7 定价:40.00 元

邮购地址:100706 北京市东城区隆福寺街 99 号
人民东方图书销售中心 电话:(010)65250042 65289539

版权所有·侵权必究
凡购买本社图书,如有印刷质量问题,我社负责调换。
服务电话:(010)65250042

目　录

绪　论 …………………………………………………………………… 1

第一章　文化产业安全概述 …………………………………………… 19
第一节　产业安全预警相关理论 ……………………………………… 19
第二节　文化产业安全内涵及其特征 ………………………………… 26
第三节　文化产业安全分析框架 ……………………………………… 31

第二章　我国文化产业安全现状 ……………………………………… 41
第一节　我国文化产业发展现状 ……………………………………… 41
第二节　我国文化产业安全实证分析 ………………………………… 52
第三节　我国文化产业安全存在问题分析 …………………………… 59

第三章　文化产业安全预警的国际借鉴 ……………………………… 62
第一节　美国文化产业安全相关政策 ………………………………… 63
第二节　法国文化产业安全相关政策 ………………………………… 65
第三节　英日韩文化产业安全相关政策 ……………………………… 68
第四节　对我国文化产业安全政策的启示 …………………………… 74

第四章　我国文化产业安全预警体系框架设计 ……………………… 77
第一节　我国文化产业安全预警体系建设的主要问题 ……………… 77
第二节　文化产业安全预警体系的关键要素 ………………………… 79
第三节　我国文化产业安全预警体系架构设计 ……………………… 80
第四节　文化产业安全预警体系运行机制 …………………………… 85

第五章　文化产业安全影响因素 ……………………………………… 89
第一节　文献综述与理论模型 ………………………………………… 90

第二节　测度方法与实证分析 …………………………………… 97
第六章　我国文化产业安全预警评价体系 ……………………………… 105
   第一节　评价指标体系构建的理论依据与基本原则 …………… 105
   第二节　评价指标体系设计 ……………………………………… 108
   第三节　文化产业安全评价方法 ………………………………… 118
   第四节　评价实施的相关建议 …………………………………… 122
第七章　我国文化产业安全预警信息采集与应急反应系统 …………… 124
   第一节　文化产业安全预警信息采集系统 ……………………… 126
   第二节　文化产业安全预警应急反应系统 ……………………… 134
   第三节　完善文化产业安全预警机制的保障措施 ……………… 138
第八章　维护我国文化产业安全的对策建议 …………………………… 142
   第一节　政府层面 ………………………………………………… 142
   第二节　行业协会层面 …………………………………………… 152
   第三节　行业企业层面 …………………………………………… 155
结　语 ……………………………………………………………………… 159
附　录 ……………………………………………………………………… 162
参考文献 …………………………………………………………………… 175

绪　　论

一、研究背景与研究意义

（一）研究背景

近年来，我国文化产业保持良好发展态势，逐步成为经济发展新的增长点、产业转型升级新的支撑点和国民经济的支柱产业。我国自 2000 年正式提出"文化产业"概念以后，文化产业逐渐由萌芽状态不断发展壮大。特别是 2004 年以后，我国文化产业发展进入快车道，年平均增长速度均保持在 15% 以上的高位，平均超过同期 GDP 增长速度 6 个百分点以上，对宏观经济发展的贡献度显著提升。即使在 2009 年，受到全球性次贷危机的负面影响，我国文化产业国内外市场规模依然高达 8000 亿元，文化产业增加值占同期 GDP 的 2.5%，成为一大亮点（向勇，2015）。2018 年我国文化产业实现增加值 38737 亿元，比 2004 年增长 10.3 倍；文化产业增加值占 GDP 比重由 2004 年的 2.15% 提高到 2018 年的 4.30%，在国民经济中的占比逐年提高。（国家统计局，2019）

文化产业在快速发展的同时，产业安全问题也日益受到各个层面的关注，尤其在当前我国进一步对外开放和以互联网为标志的信息技术飞速发展的背景下。文化产业安全不同于并重要于一般的产业安全，其关系到国家文化安全和经济安全。审视我国文化产业发展历程和发展现状，我国文化产业虽然得到了迅猛发展，但是由于我国文化产业发展的相关法规滞后、产业主体规模弱小、产业集中度低、国际竞争力不足、发达国家的文化产业入侵及其控制权的加大等（如互联网行业外资控制度达 90% 以上），文化产业发展面临着前所未有的安全威胁（孙茜、王建平，2013）。加入世界贸易组织（World Trade Organization，WTO）以来，相比其他产业，我国文化产业受到的冲击影响最为深远（王建平，2013）。党的十八大明确提出，要将文化产业发展成为我国国民经济支柱性产业的目标。党的十八届三中全会《中共中央关于全面深化改革若干重大问题的决定》明确提出要"切实维护国家文化安全"。党的十八届五中全会《中共中央关于制定国民经济和社会发展第十三个五年规划的建议》再次明确提出，将"文化产业成为国民经济支柱性产业"作为我国"十三五"时期经济社会发展的一个主要目标，实现这个目标的首要条件就是要保证我国文化产业的安全。文化产业的安全是文化产业发展的前提条件（王建平，2013）。在我国进一步对外开放和以互联网为标志的信息技术飞速发展的背景下，文化渗透、文化植入、信息传播的网络化变革愈演愈烈，文化产业安全问题不断凸显，成为制约我国文化产业发展的核心问题，必须引起足够的重视。

建立文化产业安全预警体系是应对我国文化产业安全问题的有效手段。文化产业做大做强需要一个漫长的过程，在相当长的时期内，我国文化产业发展过程中的固有问题无法彻底解决，目前所处的劣势地位也难以改变。因此，必须尽快构建我国文化产业安全预警体系（胡惠林，2011）。

鉴于此，本书将重点对此进行探索和创新，在全面分析中国文化产业安全现状、文化产业安全影响因素，国外文化产业发展经验、教训和相关实证分析的基础上，构建我国文化产业安全预警体系初步框架，并在相关案例研究的基础上，提出构建我国文化产业安全预警体系的政策建议。

（二）研究意义

20 世纪 90 年代以来，文化产业已逐渐成为全球发展最快的产业之一。特别是近年来，以美、日、韩等为代表的发达国家文化产业占 GDP 的比重越来越大，并成为其国民经济与社会发展的支柱性产业。例如，美国文化产业年产值占美国 GDP 比重高达 25%，其文化产品已成为美国第一大贸易出口产品（高海涛、谢巍，2014）。相对而言，我国文化产业发展整体滞后，文化产业在国内生产总值中所占比重不足4%,文化产业结构不合理,发展过程中问题诸多,导致文化产业国际竞争力不强(宇文博,2014)。当前,我国文化产业正处于快速发展的早期,即将面临产业、社会、经济等因素的突发变化越来越大。而发达国家无论是在规模、资本、技术还是在管理、人才等方面都有着明显的优势,他们凭借这些优势通过多种方式影响着我国有影响力的文化企业,对我国文化产业安全造成巨大冲击,对文化产业乃至国家安全构成严重威胁。同时,跨国公司、基金组织等在资本合作、技术交流合作中"植入"文化,不断进行文化渗透。另外还通过网络、电视等媒介积极传播其价值观念,输入西方理念。发达国家既确保了本国经济利益,又使其西方文化在我国得到广泛认同,严重侵蚀、威胁着我国文化安全。

文化产业发展风险因素与日俱增,迫切需要尽快建立文化产业安全预警体系。产业安全是文化产业发展和运作的基础。构建文化产业安全预警体系,及时准确地对各种安全威胁做出及时的预告性和警示性反应,并采取相应的措施,是促进文化产业健康发展的重要举措,也是相关发达国家维护本国文化产业发展的常见做法。

因此,从国家经济发展、经济安全以及文化安全的战略高度来看,尽快构建和完善有效的文化产业安全预警体系,是开放条件下维护文化产业安全的基础性、前瞻性工作,对保障我国文化产业安全具有重要和深远的意义。

本书的理论意义:通过实证研究,有助于从理论上明晰开放条件下我国文化产业安全的影响因素;并构建我国文化产业安全预警体系框架,包括文化产业安全预警分析评价指标体系、文化产业安全预警信息体系和应急体系等,为我国文化产业安全预警提供理论支持。

本书的实践意义:通过理论与实证研究,将可形成保障我国文化产业安全的相关政策建议,这在实践中可为国家相关部门在构建我国文化产业安全预警体系时提供决策依据和参考借鉴,以切实保障我国文化产业安全,促进我国文化产业健康发展。

二、研究内容

本书的主要内容包括七个方面。

1. 我国文化产业安全现状分析

本部分通过文献研究、实地调研等,深入剖析我国文化产业安全现状,主要是在结合文化产业安全概念、内涵、维度和我国文化产业发展实际的基础上,对我国文化产业发展及其安全态势进行深入研究,包括文化产业比较优势、文化产业市场集中度、文化产业控制力、文化产业对外依存度等。

2. 发达国家文化产业安全预警的经验借鉴

本部分重点通过文献研究,分析发达国家文化产业安全预警主要做法、经验、教训,并结合我国文化产业安全预警实际,总结可以借鉴的若干启示,为我国文化产业安全预警体系的构建、实施提供借鉴、参考。

3. 我国文化产业安全预警体系框架研究

文化产业安全预警体系是包含多个(子)体系的复杂体系。本部分将应用系统预警、协同预警等理论,借鉴其他相关产业安全预警、产业损害预警经验,并结合我国文化产业管理实际,设计我国文化安全预警体系框架,包括预警信息体系、预警分析评价体系、预警反应体系、预警组织以及各体系间结构关系、运行机制等。

4. 我国文化产业安全预警评价体系与影响因素研究

本部分包括三个研究:

一是我国文化产业安全预警评价体系研究,主要是在文献研究和理论研究的基础上,构建实时反映我国文化产业安全的预警评价指标体系,结合实证研究确定指标权重,科学设立关键指标阈值标准等。

二是构建我国文化产业安全预警评价模型,以便动态监测、分析、评价产业安全态势,发布预警信息。在此基础上,结合实际,就相关文化产业细分行业进行实例评价。

三是我国文化产业安全影响因素研究,主要是在文献研究基础上,通过理论分析,构建我国文化产业安全影响因素理论模型,利用文化产业相关数据进行实证分析,并对若干关键影响因素的影响机理进行深度分析。

5. 我国文化产业安全预警信息采集与应急反应体系研究

本部分包括两个研究:

一是我国文化产业安全预警信息采集体系设计,主要结合前述安全预警评价指标,应用信息管理等理论就我国文化产业安全预警信息采集体系进行设计,包括信息收集、整理、更新、采集机制等,以便持续、可靠、及时地进行信息采集。

二是我国文化产业安全应急反应体系设计,主要结合发达国家经验,从经济、法律、市场、行政等层面提出我国文化产业安全预警应急体系,包括预测、预报、警示、调控、信息报告、信息发布、应急方案、运行机制等,以便按预警分析评价结果进行预警应对。

6. 我国文化产业安全预警体系构建的保障对策研究

文化产业安全预警体系构建与实施必须要有相应的政策保障。本部分主要是在前述的文化产业安全概念内涵、文化产业安全分析框架、文化产业安全现状分析、文化产业安全影响因素、文化产业安全预警框架体系设计、文化产业安全预警信息采集与应急反应体系基础上,借鉴发达国家文化产业安全预警相关经验,并结合我国文化产业安全战略,从宏观、中观及微观层面,即政府、行业与企业三个方面提出政策建议,包括文化产业安全战略目标、预警制度、信息反馈机制、政策措施、方法途径等。

7. 相关细分产业的产业安全实证分析

根据研究提出的文化产业安全评价指标体系,以网络新媒体为例,进行产业安全实证分析,并结合实际,给出若干政策建议。

三、研究思路与方法

（一）研究思路

根据研究内容，研究思路（见图 0－1）主要如下：

第一步：综合运用产业安全、区域经济、文化产业等理论知识，在对国内外相关文献分析比较基础上，结合经验判断，提出初步的我国文化产业安全预警体系框架和研究假设。

第二步：选取发达地区和重点细分行业（网络新媒体、电影等）进行调研，同时通过文献研究等对美、英、日、韩等发达国家文化产业安全预警体系构建的现状、经验、教训等进行研究分析，总结文化产业安全预警的典型经验和启示，修正上述提出的我国文化产业安全预警体系框架和研究假设。

第三步：在上述研究框架基础上，运用实际调研获得数据，界定文化产业安全内涵，设计我国文化产业安全预警体系框架，并进行实证研究分析，明晰我国文化产业安全的关键因素；在此基础上构建文化产业安全预警评价指标体系、预警界限（标准）、安全预警评价模型等。

第四步：在上述实证研究基础上，运用产业安全、文化产业管理等相关理论及知识，对我国文化产业安全预警信息采集体系、安全应急反应体系进行综合研究，包括信息收集、整理、更新、采集机制、应急方案、运行机制等。

第五步：在上述实证和理论研究基础上，结合我国文化产业发展的实际情况及其战略定位，就我国文化产业安全预警体系构建提出有针对性的对策、建议和可能的制度安排。

（二）研究方法

根据研究现状及研究内容，本书主要采用以下三种研究方法：

①理论与实证结合的研究方法：通过文献研究、实地调研、问卷调查、

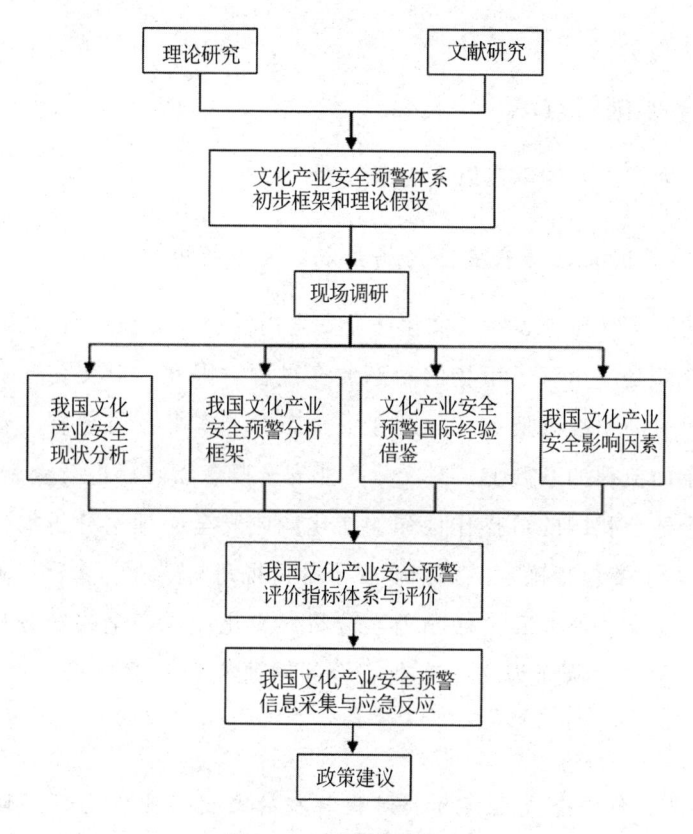

```
┌────────┐      ┌────────┐
│ 理论研究 │      │ 文献研究 │
└────┬───┘      └────┬───┘
     └──────┬────────┘
            ▼
   ┌──────────────────┐
   │ 文化产业安全预警体系 │
   │  初步框架和理论假设 │
   └────────┬─────────┘
            ▼
      ┌──────────┐
      │ 现场调研  │
      └────┬─────┘
```

图 0—1　研究思路框架

结构方程模型等方法，就我国文化产业安全预警现状、影响因素、安全预警指标体系、应急体系等进行深入理论与实证研究。

②定性与定量结合的研究方法：综合采用现场研究、案例研究、数学建模等方法对我国文化产业安全预警现状以及安全预警分析评价模型、信息系统、保障对策等进行研究。

③多学科交叉的研究方法：以文化产业安全预警框架体系分析为主线，在理论分析的基础上，强调管理学、经济学、文化学、政治学等学科交叉，对我国文化产业安全预警体系进行多维度、多视角的研究。

四、主要创新点

本书的创新主要体现在以下五个方面：

1. 提出我国文化产业安全内涵界定及其分析框架

已有文献研究充分表明，文化产业安全内涵至今尚没有统一说法。而且，产业安全范畴是一个基于市场的动态演变过程。因此，对文化产业安全内涵进行界定可有助于准确把握文化产业安全态势。本书在对现有文化产业安全相关概念全面梳理的基础上，对文化产业安全概念和内涵进行重新全面界定，并建立一个适合我国的可操作性强的文化产业安全的理论分析框架（PDFPE分析框架），主要包括确定文化产业安全分析视角与层次、文化产业安全维度与构成分析、文化产业安全影响因素分析、文化产业安全路径分析、文化产业安全度评价等，从而为文化产业安全问题研究和实践提供一个新的思路、方法。

2. 构建一套符合我国实际和时代特征的文化产业安全预警评价体系

一般行业的产业安全评价指标研究已经非常丰富，基本形成了一套比较全面的产业安全指标体系，主要包括产业发展环境、产业国际竞争力、对外依存度和产业控制力等四大类。因文化产业安全的"半结构性"，且文化产业具有意识形态性和经济性的双重性（蔡尚伟等，2011），因此如何建立科学的评价指标体系，进而对文化产业安全状态进行科学、量化的评价是关键问题。本书在全面理解文化产业安全本质特征的基础上，结合我国文化产业发展实际和未来发展趋势，提出了我国文化产业安全评价指标体系的三维框架模型（SES模型）。具体就是，文化产业安全评价指标体系包括社会效益安全维度和经济效益安全维度两个方面的评价指标体系，同时各评价指标必须具体到各个细分行业，然后选择合适的评价方法进行定量评价。

在此基础上，结合我国文化产业实际，提出一套文化产业安全评价方法，包括内含"点面结合"思路的评价过程框架和具体评价方法，以利于对文化产业安全关键指标领域评价和文化产业的综合评价。

3. 明晰我国文化产业安全影响因素

文化产业安全影响因素是文化产业安全评价指标体系的基础。在已有相关研究的基础上，结合我国文化产业实际，构建我国文化产业安全影响因素模型，通过实证研究，明晰文化产业安全的主要影响因素，即我国文化产业安全主要受市场集中度、国家的行政壁垒、行业的规模经济、产业结构、文化市场和文化贸易六大因素的影响，且市场集中度、国家的行政壁垒、行业的规模经济、文化产业结构、文化市场和我国文化产业安全呈正相关关系。在此基础上，进一步明晰市场集中度等影响因素的作用机理，为文化产业安全评价、保障文化产业安全提供基础理论支持。

4. 构建一套符合我国实际的文化产业安全预警体系框架

目前，针对我国文化产业安全预警体系的研究较少，本书结合我国实际，在充分借鉴相关产业安全预警经验基础上，初步提出我国文化产业安全预警体系框架，主要包括信息采集系统、预警分析系统、预警反应系统等。在此基础上，进一步建立相应的运行机制，包括过程运行机制和服务保障机制等。

5. 提出促进我国文化产业安全预警体系建设的若干对策建议

我国文化产业安全预警体系的实现不是孤立的，而是以企业安全为基础，最终服务并服从于整个经济安全，因此，在制定保障我国文化产业安全预警体系的具体政策时，应以维护企业安全、产业安全和区域经济安全"三位一体"的产业安全预警保障体系为出发点，以三级监控（政府、产业/行业协会和企业）为主体，制定实施我国文化产业安全预警体系的政策措施。在广泛借鉴、学习国内外有关文化产业理论、文化产业安全、文化产业安全预警等相关研究成果及实践经验的基础上，结合我国文化产业安全实际，就我国文化产业安全预警体系建设给出若干政策建议。具体认为，在政府层面，应该确立以国家利益为最高利益的文化产业发展战略，在把握核心节点工作的基础上强化文化产业预警体系的构建，合理选择、平衡使用命令控制型工具、经济激励型工具和自愿参与型工具，同时有效推进文化产业体制改革、适度加大文化产业对内对外开放力度、有力有度有效地推动文化产业供给侧改革；在行业层面，应该积极参与文化产业预警机制建设，在做好信息服务、咨询服务、职业培训服务、沟通协调服务的基础上推动文化企业做大做强，维护文化产业安全；在企业层面，作为产业安全的最终受益者，应当提升对政府政策的响应度，积极参与文化产业预警体系建设，同时提升企业创新能力，利用好国内、国外两个市场，在产业融合的基础上提升竞争力，最终实现产业安全。

五、文献综述

（一）文化产业安全概念内涵相关研究

早在1791年汉密尔顿（Hamilton）向国会提交的《关于制造业的报告》中提出了保护贸易的思想，并主张实行通过关税政策来排除外来竞争，从而保护本国竞争力较弱的幼稚工业的发展，同时强调加大国家干预对保护和发展本国制造业具有重要意义，首次正式提出了产业安全的思想。

早期的重商主义就提出要对本国产业加以保护，随着国际贸易的普遍发展和跨国投资的逐渐增加，人们对产业安全问题的关注不断提高，产业安全概念也逐渐完善；随着国际贸易及产业经济学等学科的发展，国际竞争不断加剧，为产业安全概念提出和进一步的理论发展提供了基础（王发明，2008）。国外学界对产业安全的研究主要集中于两个方面：一是考察产业国际竞争力对产业安全带来的影响；二是考察跨国企业直接投资对产业安全带来的影响。其中考察产业国际竞争力以波特（1990）为代表，考察跨国企业直接投资则以布雷（1986）、阿明（1990）、联合国跨国公司中心（1992）等为代表（国家发展和改革委员会宏观经济研究院课题组等，2009）。一般意义上的产业安全，主要是指某特定范围内的产业在生存与发展中不受外来威胁的状态，包括组织、布局、结构、政策等多个产业安全维度（李孟刚，2010）。其产业安全内涵主要集中在产业控制力、竞争力、发展力、权益等四个方面

(Porter，1990)。产业控制力说的核心观点是强调本国的资本对本国的产业的控制力或是外资对东道国产业的控制力。产业竞争力说的核心观点认为，产业安全是指一国某个产业在开放竞争的条件下，与国外产业的竞争中，能够获得一定优势，并能有效消除各种不利因素的影响，从而确保本国产业的均衡发展。产业发展力说的核心观点认为，产业安全主要是指一国对涉及其国家安全的战略性产业的控制能力以及其在国际层面上的发展力。其中，控制力是静态描述，发展力是动态描述，是产业安全的本质特征。产业权益说的核心观点认为，国民是产业安全的权益主体，有明确的排他性经济主权，在国际竞争中，这些产业权益应得到充分保证并不受损害。

我国文化产业的快速发展和对外开放的不断推进，促使越来越多的学者关注我国文化产业安全问题，在已有的产业安全概念和框架的基础上对文化产业安全进行了深入研究。文化产业不仅具有意识形态性，还具备经济性，很多学者的相关研究也是从双重属性视角展开的。例如王耀中、彭新宇（2011）从意识形态功能与经济功能两个方面定义文化产业。黄欣欣（2011）的研究认为在对外开放的条件下，文化产业安全主要是指一个国家（或地区）的文化产业能够有效抵御来自国内外的不利影响和冲击，从而延承本国文化制度和意识形态，为本国文化产业可持续发展提供保障。李毅等（2012）认为，一国文化产业安全主要由产业发展能力、产业对外依存度、产业国际竞争力和产业控制力决定。

产业安全是一个不断演变的动态过程，由国内市场和全球市场共同作用影响（李成强，2008）；同时，产业安全的概念是相对的，不存在绝对安全的产业。由于各个国家的产业的发展情况不同，不能使用统一的标准来衡量各自的产业，尤其是文化产业。文化产业有别于一般的经济产业，其具有的双重属性决定了文化产业安全具有相对特殊的含义（高海涛、谢巍，2014）。文化产业其本质就是文化的产业化，因此，文化产业安全首先就须强调文化安全（王耀中、彭新宇，2011），这必然涉及意识形态安全，以保证国家主流文化安全（胡惠林，2000），而且文化产业分类也是不断变化的（熊澄宇，2009），对文化产业安全内涵与范畴的界定也是一个随外部环境变化而不断深入的过程。

知识产权是国家发展的战略资源之一，在文化产业中，知识产权是最核心的要素。从本质上看，文化产业是落脚于版权的特殊行业，其产业创新主要是为了获得版权，其产业传播途径主要是文化版权交易，且其整个产业发展过程始终围绕版权保护。所以，文化产业安全也就是指文化资源产权安全，由市场安全和内容安全两部分组成。其中，文化市场安全是指在一国开放条件下，其文化产业市场结构改善和规模提升不受他国的影响，也能够有效消除国内因素的影响，保持均衡、稳定的发展状态。而文化内容安全是指在激烈的国际竞争环境中，一国的文化产业可以提供满足社会发展所需要的原创文化内容，并能有效应对外来文化对本国主流意识形态的冲击，以达到维护本国主流意识形态与核心价值观的稳定性和合法性，强化主流意识形态和主流价值观的影响力和话语权（高海涛等，2014）。

产权经济学的研究表明，产业安全与产权之间存在着密切联系。产业安全指关于产业生产要素方面的产权安全。以此为视角，文化产业安全内容包括文化产业生产要素占有权安全、使用权安全、收益权安全和处分权安全四个方面。文化产业生产要素占有权安全表示一国对本国领土主权范围内的文化资源要素的独享排他权。若一个主权国家任由他国掌控这些关键要素，必将造成本国文化产业生产经营的困境，甚至会导致本国利益受损，以致其文化主权丧失。文化产业生产要素使用权安全表示一国的文化产业在经营运作过程中规范有序，并与本国整体发展战略保持一致。文化产业生产要素收益权安全表示一国的文化产业生产要素所有权在经济范围内实现安全。文化产业的收益表现在经济效益和社会效益两个方面。文化产业生产要素处分权安全表示一国在其文化产业生产要素的转让和消费等方面的权利不受侵害（高海涛等，2014）。

（二）文化产业安全成因与影响因素相关研究

构建产业安全评价指标体系的前提就是要分析清楚产业安全的成因及其影响因素。很多学者从一般产业的产业安全角度研究该问题（王发明、毛荐其，2009；李孟刚，2010；何维达等，2007）。大致包括外资成因、制度成因、产业环境成因、产业竞争力成因等。外资成因观点认为，持续增加的外商直接投资将导致产业不安全。制度成因观点认为，产业政策将给产业安全带来负面影响。产业生存环境成因观点认为，影响新的资本进入该行业的意愿，以及产业内部原有企业继续留在原行业的意愿。产业竞争力成因观点认为，导致产业不安全的原因是产业竞争力（郑宝华等，2008）。

国外学者认为，外商直接投资（Foreign Direct Investment，FDI）将对产业安全产生影响。例如，John H. Dunning（1998）认为，对外直接投资能够很好地避开东道国贸易政策壁垒，并使东道国原先希望通过相关贸易措施来保护其产业安全的做法失灵；X Liu（2005）通过对84个国家的30年数据进行分析，结果认为FDI将会进一步加大发展中国家和发达国家的技术差距。Solomon（2011）认为FDI将会影响东道国的经济发展水平；Yothin Jin-jara（2007）对美国相关跨国公司的国际投资活动研究发现，FDI将导致东道国的宏观经济风险。

国内学者，如李孟刚（2006，2010）认为，影响产业安全的因素包括内因和外因两大类。内部影响因素主要包括产业生存环境、竞争环境（包括行业规模不经济、市场集中度下降等）和产业空心化等。外部影响因素包括外国资本（如国际债务、国际投机资本、FDI等）、外来技术、国外产品和国际贸易壁垒等。王元京（2007）认为，外商尤其是跨国企业加速进入我国相关关键性产业，将对我国产业安全构成一定威胁和隐患，如在国民经济可持续发展、宏观经济大局的稳定、社会公共利益的提高、国家核心竞争力、国家核心价值观等方面都可能造成影响。郑宝华等（2008）认为，产业安全问题归根结底就是产业竞争力的问题。产业安全的影响因素包括两大类：一类是内生因素，如生产要素中的高级要素、企业行为、关联产业和政府作用等，这是产业安全主导因素；另一类是生产要素中的初级要素、需求条件、外资等。

祝金龙、解志韬和李小星（2009）提出，FDI对产业安全的影响方式主要体现在两个方面。一方面，外资企业对我国投资的"挤出效应"，尤其在稳定发展后，通常会多方面加强控制，加重我国产业的对外依存度，削弱我国产业控制权，从而威胁国家产业安全。另一方面，主要通过FDI流向和分布来实现影响，最后造成产业结构不合理，区域产业发展不协调，影响产业结构调整，进而对整个产业发展造成负面影响，最终影响产业安全。何志勇（2011）就外资并购对产业安全影响进行深入研究，提出基于外资并购的产业安全模型，从技术、市场结构、控制力和产业链等四个维度构建外资并购对产业安全的作用机制模型。

刘强（2011）分别从控制力、竞争力、成长潜力、对外依存度、组织安全、结构安全、布局安全等七个视角，就跨国企业在华投资对我国产业安全影响机理进行研究，并提出相关对策。曹萍、张剑（2016）从产业动态竞争力视角对我国软件产业安全的影响因素进行实证分析。得出主要结论：产业自主创新能力、知识产权保护、企业竞争力、生产要素供给、行业协会等都将对软件产业动态竞争力及其产业安全具有显著正向作用。在省域层面，王君可等（2012）就哈尔滨冰雪旅游产业的安全影响因素进行分析；彭秋月（2010）结合开放条件下浙江省宏观经济背景和产业发展的特征，分析影响浙江省产业安全的深层次因素。

在文化产业方面，相关学者的研究认为，文化产业安全的威胁主要来自文化殖民主义、信息网络化（于萍，2002）、文化产业对外开放（欧阳有旺等，2010）、跨国公司直接投资（A. Bevan 等，2004）、产品结构不合理等结构性矛盾。这些成果为后续的文化产业安全预警研究奠定了坚实的基础，但同时也还有待进一步实证检验。王元京（2007）认为，在对外开放与引进外资过程中，面对外商尤其是跨国企业的加速进入，维护国家文化体系安全非常重要，这主要包括文化主权、文化内容、文化生态、文化技术、文化市场与公共文化、文化信息、文化遗产资源等多方面安全。廖倩（2102）结合我国 17 个省的文化产业增加值数据，建立面板 VAR 模型对文化产业安全影响因素进行分析，结果认为，文化产业安全影响因素来自内部因素，而非外部，主要包括文化产业产值、文化产业资本投入、居民对文化产品的人均消费增加值、文化产业人均产值增加值、文化产业专业就业人员数量等因素。

总之，已有文献主要从哲学、政治学、文化学等角度，立足国家安全、产业安全角度对文化产业安全成因、影响因素等做了大量的理论研究，这将为本书提供有价值的参考。

（三）文化产业安全评价与预警体系相关研究

围绕一般性的产业安全评价，何维达和何昌（2002）、先恰戈夫（2003）、景玉琴（2006）、金成晓和俞婷婷（2009）、李孟刚（2010）等国内外诸多学者已先后提出了诸多评价指标，主要有国际竞争力、控制力、对外依存度和国内生存环境以及经济安全阈值标准等，并用模糊评价等方法构建产业安全评价模型；朱建民和魏大鹏（2013）结合生态系统理论，创新性地添加了具有时代特征的产业竞争力生成能力指标，并构建了"五因素模型"。因为产业安全的"半结构性"特征，所以建立科学的评价指标体系，对产业安全状态进行科学、量化的评价是关键。

王培志和黄琪（2008）就我国产业安全预警体系构建给出具体步骤，主要包括建立产业安全预警评价指标体系、确定产业安全的预警临界域、产业安全预警结果分析输出等。张立超等（2011）在产业风险预警体系构建时引入产业竞争情报理论，提出产业竞争情报风险预警运作机制基本理论框架、风险预警体系运行模式以及由多方参与的风险预警制度保障体系。刘新英等（2013）运用主成分分析法和BP神经网络分析对山东省的纺织服装、鞋、帽制造等产业安全状况进行全面评估；胡国强（2013）就新疆高新技术产业安全进行研究，并给出若干产业安全维护对策；李海建（2010）选用模糊积分方法对河南旅游产业安全进行定量评价；马小刚（2011）以安徽为例构架省域经济安全预警指标体系；叶旭廷等（2012）以河北省银行业为例，从区域产业安全的视角建立区域产业安全监测体系。

由于文化产业具有意识形态性和经济性的双重性（单世联，2006；蔡尚伟等，2011），它不同于一般产业。关于文化产业安全评价问题，学界已进行了大量有价值的研究。祁述裕等（2005）提出文化产业国际竞争力评价指标体系；廖倩（2012）从产业国内生存环境、国际竞争力等方面对文化产业安全状况进行测度。黄欣欣（2011）从国际市场占有率和显示性比较优势指数两个方面对我国文化产业安全进行评价。吴佩芬（2011）提出可从本国文化产业发展状况、外来文化产业经营情况、本国文化产品国内与国际市场份额、文化产品进口与出口对外依存度、外国文化产品的市场控制率、国民对外来文化产品接受能力、对本国文化产品认可度、国际文化资本的威胁等方面着手，构建国家文化产业安全状况指标体系（吴佩芬，2011）。

邓甜（2012）从文化产业竞争力、控制力、生存环境、对外依存度、进入壁垒等五个一级指标构建文化产业安全评价体系，包含资产负债率等在内的15个细化指标，同时提出一个基于预警机制正常运行的我国文化产业安全预警管理系统，包括监控系统、快速反馈机制、抗干扰机制以及运行模式等。李毅、漆玉伶、王钦萍、欧阳有旺（2012）结合我国文化产业安全面临的现实情况，构建了一个包括文化产业对外依存度和国际竞争力的评价模型，结合由世界和国内的市场份额、技术竞争力、产业市场集中度、贸易竞争力指数、显性比较优势指数、产业效益竞争力等构成的评价指标体系，就加入世贸组织后我国文化产业安全进行综合分析。佟东（2015）认为，文化产业结构安全，将从文化产业结构比例、结构政策以及产业国际竞争力等三个方面对文化产业发展产生影响。孙茜、王建平（2013）结合我国文化产业面临的形势，认为当下构建我国文化产业安全体系的工作越来越紧迫。我国文化产业安全体系的建立，需要强化文化产业安全意识，明确产业安全战略目标，完善产业安全法规，并加快文化产业对民间资本开放的进程，以构建产业安全预警系统。王建平（2013）提出，要创建文化产业安全预警系统，明确安全战略目标；要研究世贸组织的国际规则，加快文化法制建设等（邵培仁，2007；傅才武等，2011）。高海涛、谢巍（2014）从文化产业生产要素占有权安全、收益权安全、经营权安全以及处分权安全等四个方面，建立文化产业安全的分析框架，包括57个三级指标，并提出多指标测度的综合评价模型。高海涛（2015）进一步提出迄今相对完善的中国文化产业安全评价指标体系，共包含4个一级指标、22个二级指标、63个三级指标。在具体评价方法上，已有研究主要都是继续沿用一般产业安全评价方法，如基于回归分析、因子分析、模糊评价等综合评价方法。

已有研究充分表明，构建区域文化产业安全预警体系以保障文化产业安全迫在眉睫，上述成果对深入研究构建文化产业安全预警体系提供了很好的思路。

(四) 文化产业安全保障对策相关研究

在文化产业安全保障对策方面，早期的研究对文化安全和文化产业安全没有进行严格区分，大多是从整体上进行政策建议，甚至很多都是基于一般性产业安全层面的政策建议。因此，必须从国家利益的战略高度来认识产业安全的重要性（纪宝成等，2006），做好顶层设计（金元浦，2011），需要产业保护（景玉琴，2006）。

朱嘉林、王让新（2004）提出，构建文化产业安全预警制度，必须运用行政、市场、经济、法律等产业管理手段，有效识别各种可能危及国家文化安全因素，并及时准确做出预见性、警示性反应。这就需要提高对国家文化安全预警机制工作的认识、划定国家文化安全预警机制的运用范围等，以大力建设国家文化安全预警机制。王培志、黄琪（2008）提出要构建"三位一体"产业安全保障体系，即构建产业安全政府规制体系、提高贸易救济措施的应用水平和能力、发挥行业协会等中介组织作用等。国家发改委宏观经济课题组（2009）提出要在坚持改革中维护产业安全、通过维护产业安全以促进经济发展。总体包括两个方面：一是要着眼长远，采取增强产业核心竞争力的支持政策；二是要建立健全法律法规体系，完善产业损害预警机制，提高产业安全应对能力。具体包括完善相关法律法规体系，以增加产业安全制度供给；建立专门机构，完善产业安全与损害预警机制；提高贸易救济措施的应用能力和水平；充分发挥行业协会等中介组织作用；鼓励企业进行技术创新，从而提高产业可持续发展能力；鼓励企业管理创新与制度创新，从而提升产业国际竞争力。

黄旭东（2009）提出，保障我国文化产业安全是发展文化产业的重要前提，必须在思想观念上牢固树立文化产业市场和产业意识，要积极扩大文化产业规模，要处理好文化市场化和文化事业化两者的关系，要建立市场准入安全警戒线。黄欣欣（2011）就对外开放条件如何维护我国文化产业安全给出若干政策建议，主要包括实施基于适度保护的引进措施（如加强进口监管、优化文化产业进口结构，采取渐进式对外开放策略）；实施产业"走出去"策略（如拓宽企业融资渠道、进行有效的中国文化国际传播、引导有实力的文化企业走出国门）；提升文化产业国际竞争力（如加快文化事业单位改制、加快文化企业重组、推动文化产业升级）；构建文化产业安全预警机制等。廖倩（2012）从政府、法律法规和企业三个层面，就开放条件下如何维护我国文化产业安全给出相关政策建议，如将文化产业安全目标提升到战略高度，并提高文化产业安全的危机意识，以完善文化产业安全预警体系、深化文化体制改革、建立企业内部的创新制度体系、完善企业管理的管理制度与机构、充分发挥文化产业行业协会作用等。佟东（2015）从文化产业结构安全对文化产业发展影响角度，提出要扶植一批文化企业，促进文化贸易发展、促进结构调整，促进多产业共同发展，以维护我国文化产业结构安全。何志勇（2011）从外资并购角度，结合产业安全理论及产业安全管理的国际经验，从促进产业发展、维护产业安全等视角提出若干政策建议，包括完善外资并购相关法律法规、引导外资并购投资方向、完善外资并购相关审查机制等。曹萍、张剑（2016）提出应从政府、行业协会和企业三个层面来考虑制定维护软件产业安全的对策，如发挥行业协会引领服务作用、创造良好的发展环境、提高产业自主创新能力和企业竞争力等。桑胜高（2015）针对我国电影产业立法实际，提出要尽快出台支持我国电影产业发展进步的相关法律，以维护文化安全。范玉刚（2014）提出，发展文化产业不仅是经济建设发展的需要，而且还是对新兴战略资源的掌控，是对文化主导权的争夺。文化产业战略规划必须遵循文化生产力主导、差别化发展、产业结构优化、社会发展相协调、体现正确导向、社会效益优先并与经济效益统一等原则，同时要符合"三个有利于"，即有利于推进产业结构调整，有利于产业自身转型发展，有利于产业管理体制机制创新。叶雪（2015）从法律法规视角，提出了若干法律建议，具体包括明确立法原则、正确处理文化产业安全法律和政策关系、重视知识产权保护、建立文化产业准入和审查相结合制度、建立国家层面的文化产业安全预警机制等。

第一章 文化产业安全概述

第一节 产业安全预警相关理论

一、产业安全概念

产业是社会生产力发展的必然结果，是社会分工的产物。随着社会经济和社会分工的不断发展，产业安全已逐步成为国家经济安全的一个重要部分，并引起社会各方的重视。产业安全是产业发展的必要前提，主要为了描述产业发展的安全状态，至今尚未形成统一完整的结论。目前，代表性的主要有重视外资的产业安全、重视控制权的产业安全、重视能力的产业安全、重视民族产业的产业安全、重视制造业的产业安全等五种（李孟刚，2012）。例如，在产业发展能力方面，景玉琴（2005）认为，产业安全的本质特征是本国产业具有较强的生存发展能力。

这些定义对产业安全研究均起到一定的积极作用，但仍存在一定局限，如强调外资和民族方面因素的产业安全概念，均忽视了市场开放条件；强调控制权的产业安全概念，忽视了产业安全的动态发展特点。首先安全应是一种客观态势，产业安全应能反映行为主体一定时空条件下受到的威胁程度。鉴于此，我们认为，产业安全包括产业的生存安全和发展安全两个层面，是指特定行为主体的自主产业不受外部因素的控制，能够保持特定的产业链条和产业生态。根据不同需要，产业安全有几种分类，具体见表1-1。

表1-1 产业安全分类

序号	分类依据	具体类别及其关键定义
1	产业安全内容	(1) 产业生存安全：产业生存不受威胁 (2) 产业发展安全：产业发展不受威胁
2	产业安全发展态势	(1) 静态产业安全：特定时点（时期内）的产业安全态势 (2) 动态产业安全：经济运行变化中的产业安全变化态势
3	产业安全市场条件	(1) 封闭产业安全：封闭市场条件下的产业安全 (2) 开放产业安全：开放市场条件下的产业安全
4	产业安全水平标准	(1) 缺失型产业不安全：本国没有该产业，但又是本国国民经济社会发展必需的产业 (2) 脆弱型产业不安全：本国某一产业规模弱小，技术薄弱，缺乏国际竞争力 (3) 失控型产业不安全：本国某一产业比较脆弱，引进外资或技术不仅没能实现产业安全目标，反而威胁该产业安全 (4) 滞后型产业不安全：本国某一产业比较安全，但未来竞争将导致产业发展滞后，进而引发长期安全问题

资料来源：李孟刚（2013），李孟刚（2012），由作者整理。

二、产业安全分析框架

依据前期形成的产业经济学理论体系和李孟刚（2012）等学者的相关研究，产业安全分析框架一般由产业组织安全、结构安全、布局安全以及政策安全等四部分组成。

1. 产业组织安全

产业组织是在社会化大生产条件下，某产业内部各个企业之间市场关系和组织形态的总和，按照贝恩、谢勒等产业经济学家提出SCP模式，产业的市场结构决定了该产业内企业的市场行为，市场行为又决定了该产业内企业的市场绩效。产业组织安全一般是指某一国家（或地区）内的特定产业持续发展、产业内部各企业适度竞争且又能获得规模经济效益的一种竞争状态。在开放的市场条件下，安全的产业组织将有助于保持产业内企业的竞争活力、优化资源配置，有助于提高整个产业的竞争力，有助于生产要素从低附加值、低效率的企业流向高附加值、高效率的企业。而产业政策、国内产业生存环境、市场集中度、产业规模经济特性和跨国公司策略行为等构成影响产业组织安全的重要因素。

2. 产业结构安全

产业结构主要是指相关产业资源在一个国家、地区产业间的分布和配置状态，一般来说，产业结构的演进过程遵循一二三产逐次为主导产业的路径。从资源在产业内部及其产业间的合理配置角度来看，产业结构理论重点研究影响产业间比例关系的因素、产业结构的合理性、产业结构调整与演进、主导产业选择等问题。产业结构安全是指在开放的市场条件下，一个国家各个产业部门处于相互协调、相互适应、相互促进并保持连续增长的状态；民族资本在支柱性产业和战略性产业中占据主导地位，并在国际市场上具有一定的国际竞争力；同时，这个国家的产业结构升级不完全受制于国外的产业转移，产业系统的自我调适能够有效应对来自外部的不利因素和风险的冲击。因此，产业结构是否安全将直接影响产业能否健康发展，从而应对国内外不利因素的冲击，直接影响本国产业结构的高度化和合理化程度。另外，如果生产要素在各产业部门之间的配置失衡，则该国产业结构处于不安全态势。一般来说，影响产业结构安全的因素主要包括国际贸易、国际产业转移、资源供给结构、社会需求结构、国际直接投资等（李孟刚，2012）。

3. 产业布局安全

产业布局是指产业在一个国家、地区空间上的分布，这种分布既包括静态的分布，也包括产业各部门在其地域分布上呈现的动态组合。产业布局揭示了国民经济各个部门发展的运行状况。

产业布局理论随着生产力水平的发展和人类生存空间的拓展而不断发展，其整个发展过程先后经历古典区位理论、现代产业布局理论、后起国的产业布局理论等三个阶段。古典区位理论主要包括市场区位论（廖什）、"杜能圈"模型（杜能）和工业区位论（韦伯）。现代产业布局理论主要是指"二战"以后兴起的成本学派理论、市场学派理论和成本－市场学派理论。其他的产业布局理论主要包括产业布局的均衡与非均衡理论，包括中心－外围理论（佩鲁)、二元经济理论(缪尔达尔)等。

产业布局安全是指一国(地区)产业通过降低交易成本,并促进知识、技术、管理和制度等方面的创新以及在不同的企业之间交流和扩散,以期达到整个产业链及其产品的更新换代,从而获得成本最小化、产品差异化和产业结构优化等竞争优势,最终能有效应对外部经济负面影响的状态。

一般地,一个国家面临的国内外政治环境、国内外市场条件、产业政策导向、生产力发展水平、人力资本丰裕程度等都会对产业布局安全产生影响(李孟刚,2012)。

4. 产业政策安全

产业政策是一国(地区)政府为了弥补市场失灵,主动干预本国(地区)产业活动,保护、调整或扶植相关产业发展的各类政策总和。产业政策是在产业组织理论、产业结构理论和产业布局理论等基本产业经济理论上的具体应用。一个有效的产业政策体系,主要由产业布局政策、产业结构政策、产业组织政策三部分组成。

产业政策安全的主要特征是指在开放的条件下,一国(地区)政府能够独立、及时和准确地对产业发展政策做出相应决策,以保证其相关产业的健康、稳定和可持续发展。

产业政策安全主要受产业政策决策机制、政府决策能力、产业政策决策信息和产业预警体系完备性等因素的影响(李孟刚,2012)。

三、产业安全相关理论

1. 产业保护理论

产业保护,是指一国(地区)在其经济发展的一定时期,为发展本国(地区)某一产业免受外部冲击的负面影响、扶植其发展而实行的保护与支持政策和措施。本质上是政府对市场失灵的干预。产业保护理论是最早研究产业安全的一种理论。重商主义的民族工业保护和保护关税的思想(汉密尔顿）、幼稚产业保护理论（费里德里希·李斯特）、新生产业保护论（约翰·穆勒）等均是具有代表性的产业保护理论。尤其是汉密尔顿的保护关税理论，是李斯特等人在将其理论系统化后，再由穆勒等人在此基础上进一步发展后，奠定了贸易保护理论的基础，并得到广泛认可，现已成为 WTO 规制中产业保护的合法形式（李孟刚，2010）。

产业保护依据不同标准可有不同的分类（具体见表 1-2）。

表 1-2 产业保护的类型划分

分类依据	类型
保护领域	幼稚产业的保护；结构衰落产业的保护；高度发达产业的保护
保护效果	产业正保护或者积极保护（保护效果大于保护成本，有利于产业发展和进步发展）；产业零保护（保护效果与保护成本相当）；产业负保护或消极保护（保护效果小于保护成本，对产业发展不利）
保护程度	一般性产业保护（主要实行税费减免）；中度性产业保护（主要是减免税费、收益性补贴）；深度性产业保护（主要对企业非工作性成本支付进行补贴）

产业保护是维护、保障产业安全的诸多手段之一，在减少外部产业冲击的同时，也会弱化本国产业的国际竞争力。在经济开放条件下，要实现产业安全，就必须进一步引入开放理念，赋予产业保护理论新的内涵，避免产业保护手段的简单、僵化应用。同时应合理选择，适度保护，并致力于产业国际竞争力的提升。

2. 产业损害理论

产业损害理论主要从倾销和反倾销的视角研究商品倾销在对进口国产业造成损害及其程度的产业安全理论，也是产业安全理论的一种（李孟刚，2010）。

产业损害主要是指进口商品在进口国的大量销售过程中，对进口国国内相关产业带来的威胁、阻滞等损害。产业损害研究内容一般由产业损害调查、损害成因分析、损害幅度测算以及损害维护等四部分组成。产业损害理论的核心就是要科学判断商品倾销对被倾销国相关产业带来的负面影响及其程度。产业损害是国际反倾销领域中最核心、最基本的概念。一般来说，商品倾销是造成进口国产业损害的诸多原因之一。商品倾销因改变进口国消费者消费行为，直接冲击本国相关产业生产商，最终损害相关产业发展（李孟刚，2006）。

根据产业损害理论，要维护产业安全，就要通过产业损害调查来确认商品倾销的存在及其程度，并通过反倾销税的征收来平衡倾销对本国产业造成的损害。

3. 产业国际竞争力理论

产业保护虽然通过产业保护政策能使本国相关产业获得一个相对稳定的发展环境，暂时保护本国相关产业避免受到国外产业竞争冲击，但从长远来看，可能会使本国受保护产业因缺乏国际竞争而失去发展动力，无法实现产业组织优化和规模经济，甚至造成本国经济与国际经济的脱节。同时，过度保护还会使得被保护产业与国外相关产业差距越来越大。因此，保护仅是权宜之计。在开放的市场和经济条件下，只有提高其产业国际竞争力才是保护本国产业安全的根本大计（李孟刚，2010）。

产业国际竞争力主要是指一国（地区）某一产业在国际市场竞争中的竞争能力。其经济实质是一国（地区）特定产业在国际市场上通过产品销售而反映的比较生产力，反映了一国（地区）某一产业的实际生产力水平。产业国际竞争力是一种多环节的综合实力，以出口为导向（王毅，2009）。从长远来看，产业竞争力应是产业安全的核心要素。从根本上有效维护本国产业安全，需要不断提高该国产业的国际竞争力。从竞争优势角度来看，产业国际竞争力更加强调企业的创新能力和战略行为（李孟刚，2006）。

4. 产业控制理论

产业控制力主要是反映外资对一国（地区）产业安全的影响程度大小，一般为外资对该国（地区）某产业的控制能力和削弱该国对本国（地区）某产业的控制能力等。从产业安全的角度出发，产业控制力有多种不同的界定，较有代表性的如威胁论、能力论、控制力论、权力论等（李孟刚，2006）。

产业控制手段一般由外资对股权的控制、对市场的控制、对品牌的控制、对技术的控制、对经营决策权的控制等五部分组成。外资对东道国某个行业市场的控制，主要是指外资利用其资本、规模、技术等相对优势，控制和占领东道国市场，甚至形成一定的垄断，阻止东道国的企业进入，甚至将其挤出市场。在技术控制方面，外资一般为了维护其技术上的优势，通常会对关键技术、核心技术通过各种手段进行严格封锁，使得东道国技术不完整。抑或阻止东道国技术创新，形成对国外的技术依赖，从而影响产业安全（李孟刚，2006）。

5. 产业安全预警理论

产业的安全预警主要由产业安全的预测和警报两个方面构成，其中，产业安全预测是产业安全警报的基础。产业安全评价是产业安全预警的前提，产业安全评价主要是通过评价指标观测值的实际变化及其趋势分析，并根据情况的严重程度适时适度地发出警报，以便相关部门积极应对（李孟刚，2010）。

预警理论最早被应用于宏观经济领域。经济预警思想最早由法国经济学家福里利（Alffod Fourillo）（1988）提出，主要是借鉴气象预报方法来预报经济危机风险。穆尔（1950）主持建立经济景气监测系统，该系统主要采用新的多指标信息综合方法——扩散指数（Diffusion Index），其指标主要包括现行性指标、同步性指标和滞后性指标等三类指标。美国商务部于1961年开始正式将美国全国经济研究所（National Burau of Economic Researeh）经济景气监测系统的输出信息（数据和图表）在其刊物《经济循环发展》上逐月发表，以提供宏观经济景气动向信息。

为进一步积极应对经济全球化挑战，各国都相继建立产业损害预警机制，以有效应用国际贸易规则保护产业安全。我国原国家经贸委产业损害调查局于2000年就开始进行产业损害预警机制建设工作，现今商务部下设产业损害调查局专门负责产业损害与预警工作，并已形成相对完善的工作体系与机制，对维护我国产业安全发挥了重要作用。

第二节 文化产业安全内涵及其特征

一、文化产业相关概念演变

文化产业是一种行业集合,其特征主要由文化产品的创造、生产、交换、消费来体现(向勇,2015)。文化产业与文化、产业均有相互联系,但又不是文化和产业两者的简单相加(胡惠林,2015)。其中,文化构成了一个国家、民族共同的价值观念、道德信仰、艺术审美等,是个纵向性概念,从远古一直延续至今,且具有一定的模糊性。文化一般包含精英主流文化、公共事业文化和大众娱乐文化等三种形态。产业(industry)不仅是一个经济领域的概念,主要是指具有某种经济活动特性和相同功能的企业集合,而且它还是个横向性概念(向勇,2015)。

在整个产业价值链中,文化因其模糊性而逐步变成一种基于创造、创新的"创意"。文化、产业与创意三个概念的互相耦合衍生出了文化产业、文化创意产业和创意产业等不同概念,并在实践中存在一定的混淆。同时也在一定程度上给文化产业的发展造成了困扰。在文化产业的日常活动中,涉及文化产业的概念一般包含创意产业和文化创意产业等,具体如表1-3所示。

表1-3 文化产业的相关概念说明

序号	概念名称	使用国家(地区、组织)	定义或界定
1	文化产业 (Cultural Industries)	中国、联合国教科文组织	文化产业是为社会大众提供文化、精神、娱乐产品和服务的活动,或与之相关活动的集合
2	文化创意产业 (Cultural and Creative Industries)	中国台湾、中国香港	源自文化创意的积累,通过智慧财产来创造财富及提供就业机会,并提升全民美学素养,同时改善国民整体生活环境的产业
		加拿大、德国	信息和文化产业(影视、信息产业、互联网)、娱乐和消遣(演艺、古迹遗产、体育、游乐娱乐)、音乐、艺术和电影、图书、广播、表演艺术和设计等

续表

序号	概念名称	使用国家（地区、组织）	定义或界定
3	创意产业（Creative Industries）	英国、澳大利亚、新西兰、新加坡、联合国开发计划署（UNDP）等	以知识为基础的创意与知识资本的投入，主要包括服务和产品的创作、生产与销售的循环过程，另外生产的主要内容包括经济价值、创意内容和以市场为目标的智力或艺术服务
4	文化工业（Cultural Industry）	法兰克福学派	文化工业主要就是大众文化产品及其生产过程
5	版权产业（Copyright-based Industries）	美国、瑞典、德国、奥地利等	版权产业是建立在知识和信息的生产、存储、使用、消费之上的产业形态，覆盖文学艺术、新闻出版、广播影视、计算机软件、文化娱乐、信息网络、工艺美术等多个领域
6	内容产业（Cultural Content，Creative Content）	韩国、日本	内容产业，是指以信息化、知识性和创意性内容为主的行业，这些内容包括肖像、角色、卡通形象等
7	娱乐和媒介产业（Entertainment Industries）	印度	电影业、广播业、电视业、唱片业和出版业

二、文化产分类业标准

由于文化产业概念的模糊性，以及各个国家、地区自身资源禀赋、发展愿景等差异，所以不同国家、地区也都依据自身特点制定不同的文化产业分类标准（向勇，2015）。具体见图1—1。

我国文化产业当前2018版的分类标准是在2012版本基础上，延续原有分类方法和原则，对部分类别结构、行业小类以及少量不合适活动分别进行了调整、增加和删减，总的分为四个层次，具体见图1—2。

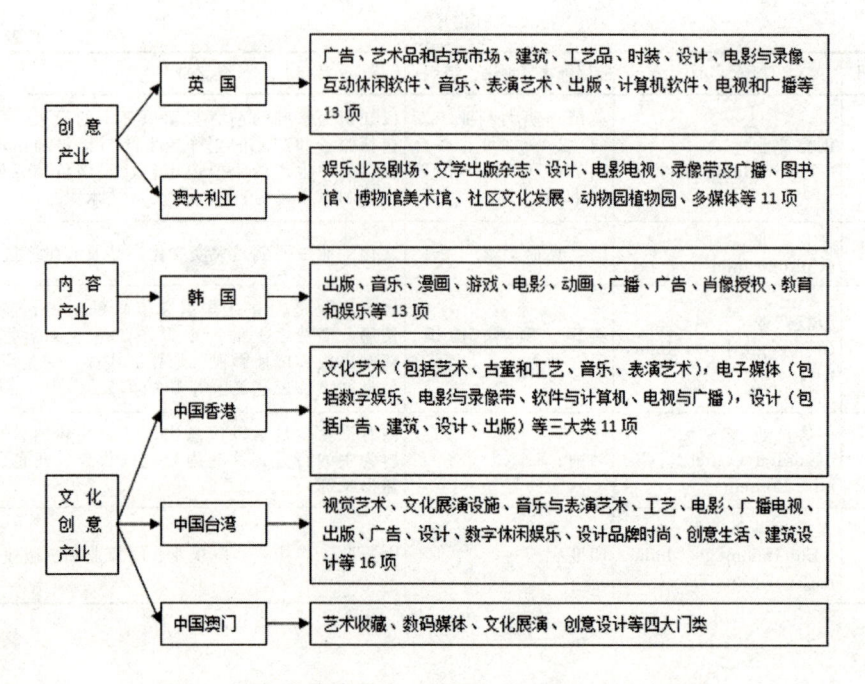

```
                    ┌─ 英国 ──→ 广告、艺术品和古玩市场、建筑、工艺品、时装、设计、电影与录像、
创意产业 ─┤              互动休闲软件、音乐、表演艺术、出版、计算机软件、电视和广播等
                    │           13项
                    └─ 澳大利亚 → 娱乐业及剧场、文学出版杂志、设计、电影电视、录像带及广播、图书
                                馆、博物馆美术馆、社区文化发展、动物园植物园、多媒体等11项

内容产业 ── 韩国 ──→ 出版、音乐、漫画、游戏、电影、动画、广播、广告、肖像授权、教育
                    和娱乐等13项

              ┌─ 中国香港 → 文化艺术（包括艺术、古董和工艺、音乐、表演艺术），电子媒体（包
              │            括数字娱乐、电影与录像带、软件与计算机、电视与广播），设计（包
              │            括广告、建筑、设计、出版）等三大类11项
文化创意产业 ─┤
              ├─ 中国台湾 → 视觉艺术、文化展演设施、音乐与表演艺术、工艺、电影、广播电视、
              │            出版、广告、设计、数字休闲娱乐、设计品牌时尚、创意生活、建筑设
              │            计等16项
              │
              └─ 中国澳门 → 艺术收藏、数码媒体、文化展演、创意设计等四大门类
```

图1-1 有关典型国家（地区）的文化产业分类标准

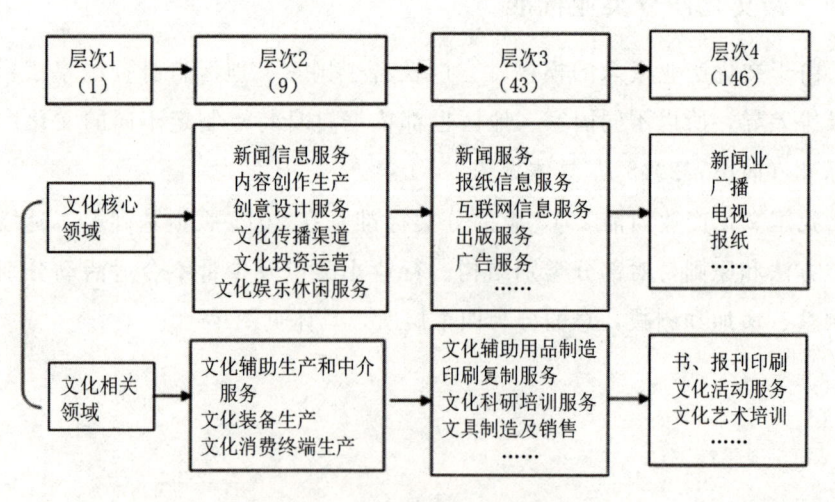

```
层次1 ──→ 层次2 ──→ 层次3 ──→ 层次4
 (1)       (9)        (43)       (146)

            新闻信息服务      新闻服务        新闻业
            内容创作生产      报纸信息服务    广播
文化核心 ─→ 创意设计服务 ─→  互联网信息服务─→电视
领域        文化传播渠道      出版服务        报纸
            文化投资运营      广告服务        ……
            文化娱乐休闲服务  ……

            文化辅助生产和中介 文化辅助用品制造 书、报刊印刷
文化相关 ─→ 服务              印刷复制服务  ─→文化活动服务
领域        文化装备生产      文化科研培训服务 文化艺术培训
            文化消费终端生产  文具制造及销售  ……
                              ……
```

图1-2 我国文化产业分类标准框架结构（2012）

三、文化产业安全内涵界定

从已有文献来看，一般的产业安全内涵主要集中在产业控制力、竞争力、发展力、权益等四个方面（Porter，1990；何维达等，2007），具体到文化产业，主要由文化产业发展力、文化产业对外依存度、文化产业国际竞争力、文化产业控制力四个方面构成（李毅等，2012）。由于文化产业具有意识形态性和经济性的双重性（单世联，2006），学界主要从这两个视角定义（林宏宇，1999；花建，2005）。文化产业安全是以文化安全为基础的产业的发展状况（王耀中等，2011），关系到国家宏观层面的文化发展战略问题，它的分类应既是开放的，也是动态的（熊澄宇，2009）。因产业安全范畴是一个基于市场的动态演变过程，故对其内涵的认识还有待进一步界定。

鉴于此，本书拟在借鉴前人研究的基础上定义国家文化产业安全。国家文化产业安全一般表示在开放的社会经济条件下，一国文化产业能够在面对外来文化冲击的情况下表现出不受损害或威胁的状态，主要由文化产业生产要素占有权安全、使用权安全、收益权安全、处分权安全四部分组成，本质上它包括市场安全和内容安全两个方面，即文化产业的社会效益和经济效益双维度安全（具体见图1—3）。

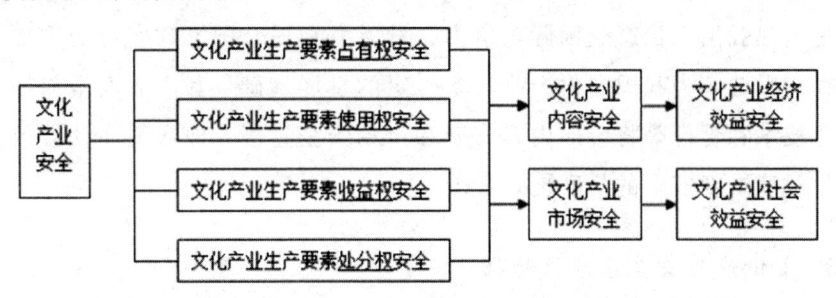

图1—3 文化产业安全的主要内容

资料来源：北京印刷学院文化产业安全研究院：《中国文化产业安全报告》，有修改。

四、文化产业安全的特征

由于当前世界各国文化环境和文化发展的不同导致每个国家文化产业的分类标准各异,因此,对应的文化产业安全的内涵界定也不尽相同。从我国文化产业实际来看,我国文化产业安全主要具有以下四个特征。

1. 文化产业安全战略性特征

作为国家文化安全和经济安全的重要构成,文化产业安全将直接影响国民经济的可持续发展,并事关国家文化安全,最终将会上升到国家战略安全的高度,尤其在当前经济开放的条件下,这一问题显得越来越紧迫,且由于文化内容层面的思想渗透性和时间累积性,更需早早为功,久久为功。因此,要维护国家文化产业安全,给予其足够的重视,站在国家战略层面进行统筹谋划。

2. 文化产业安全双重性特征

我国文化产业具有社会效益和经济效益双重属性,而且作为一种特别重要的文化形态,能够在我国社会国民的经济生活中起着非常重要的作用,同时也是增强我国文化产业国际竞争力、发展力和提升国家软实力的重要环节和途径。因此,当我国文化产业具备一定的发展基础,其产业安全前期关注的产业技术和管理等将会向内容安全和市场安全过渡,即从关注社会效益和经济效益双维度安全的角度统筹兼顾。

3. 文化产业安全系统性特征

由于文化产业的特殊性,其安全不仅会波及国家经济层面,也会影响国家政治、文化和外部环境,而国家文化市场、文化政策与产业政策等众多要素同样受到影响。不同的要素来源复杂、互相作用,又共同影响文化产业的安全。从文化产业安全的宏观、中观和微观层面来看,国家文化产业安全不仅囊括国家的宏观层面,而且还有中观层面的(区域)产业链与产业集群安全,以及文化企业的安全。从产业内部和外部分析,不仅包含文化产业自身及其内部各个细分产业的安全,也包括外部与之配套的产业安全状态。综合看来,国家文化产业安全的维护是一项巨大的系统工程,这就要求以系统观的思想开展研究,对文化产业的内外部关系、不同要素构成问题,综合考虑并系统性处理。

4. 文化产业安全动态性特征

无论从国际文化产业发展来看,还是基于我国文化产业发展的现状分析,文化产业安全问题必然长期存在,而且在时间轴线上,其在不同的时点(时期),产业安全的程度和呈现形式均表现出动态性的特征,同时文化产业发展的安全保障措施和措施手段也随着文化产业安全的状态呈现动态性的变化。例如,在不同的产业安全条件下,为了进行适当的缓冲,有时需要政府采用适当的保护措施和规章制度,有时政府"无为而治",也会取得较好的治理成效。这样看来,在开展文化产业安全维护时,应充分依据文化产业安全的动态性特征,及时跟踪、实时动态调整策略和措施。

第三节 文化产业安全分析框架

一、分析框架结构

文化产业安全是在世界文化多元化和经济全球化的情境之下产生的,是涵盖多个层次、多个要素和多个学科的复杂系统问题。我国文化产业安全相关课题主要研究在市场经济与全球文化产业竞争中,如何有效推进和切实保障我国文化产业有序、健康发展。我国文化产生既要唱响和弘扬主旋律,又要传播我国主流文化价值取向,从而达到维护我国经济安全和文化安全的目的(宇文博,2014)。当前,我国文化产业正面临诸多复杂的安全问题,如西方价值观的侵蚀、跨国文化集团对我国企业的侵吞等。在维护我国文化产业安全时，首先应就我国文化产业面临的安全问题做出精准科学的判断，进而及时提出具有我国国情特色的策略和措施，因此需要建立科学有效的文化产业安全分析的一体化理论框架。这个理论框架在客观描述文化产业安全问题的复杂性特征的基础上，能够全面、客观、精准地把握文化产业安全的内在规律，如文化产业安全影响因素、概念内涵、基本路径等要素，为促进我国文化产业创新、协调和可持续发展提供理论指导与支持。从系统论的思想视角来分析：

首先，文化产业安全必将涉及产业安全的分析视角和层次，因此，从不同的视角、基于不同的层次，必将形成不同的文化产业安全观，而不同的安全观对研判我国文化产业安全态势和维护产业安全的实现路径产生不同的影响。

其次，文化产业结构、文化产业政策等构成了文化产业安全分析的重要维度，不同的安全分析维度具有独特的内涵和不同的内容，它们共同构成文化产业安全分析的基本内容。

最后，文化产业环境、产业竞争力、外商投资等多个因素将会影响文化产业总体和协调发展，要提升我国文化产业安全分析的科学性和有效性，影响因素识别、安全实现路径分析以及文化产业安全度、发展态势的评价必须纳入总体分析框架，统筹兼顾，不可偏颇。

综上所述，在系统科学思想的指导下，课题组初步从系统安全视角、产业经济学等建立一个系统性文化产业安全分析理论框架（具体见图1—4），为我国文化产业安全分析、研判和研究提供一个可借鉴参考的理论框架，并将其命名为PDFPE分析框架。这个分析框架主要由五个方面组成，一是确定分析视角与层次（Perspective），这是我国文化产业安全分析的前提；二是文化产业安全维度分析（Dimension），这是其基础；三是文化产业安全影响因素分析（Factor），这是其关键；四是文化产业安全路径分析（Path），这也是其关键；五是文化产业安全度评价（Evaluation），这是其核心，而实现文化产业安全是最终的目标。

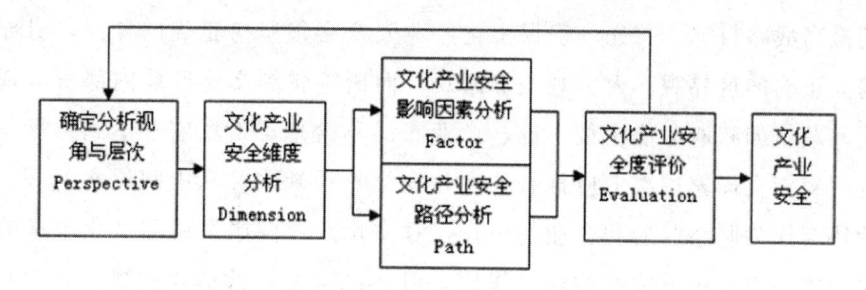

图 1—4　文化产业安全分析理论框架（PDFPE）

二、分析框架具体内容

1. 确定分析视角与层次（Perspective）

在文化产业安全分析时，应确立分析的视角。文化产业具有双重属性，即经济效益和意识形态属性（社会效益），因此这两个属性就构成了文化产业安全分析的两个视角。首先，从意识形态属性的视角分析，因为文化产业一般直接针对大众的精神文化需求进行服务，所以它是我国文化软实力的基础，影响我国主流文化价值观的培植。随着我国对外开放程度的加大加深，各种外来文化喷涌而来，严重冲击着我国社会主流文化思潮，使我国文化的意识形态安全面临严峻挑战。其次，从经济属性的视角分析，文化产业安全着重于文化产业市场环境、产业政策、生产要素、产业结构等要素的协同共进共生，既推动产业内部健康发展，又能形成巨大合力对抗外来文化产业、文化产品、文化企业、文化资本的冲击，达到维护国家产业安全和经济安全的要求。

在文化产业安全分析时，还要兼顾宏观、中观和微观三个不同的分析层次。这是因为文化产业安全问题既威胁到国家利益（宏观），也与整个文化产业链条、产业集聚区、行业协会等（中观）紧密相连，而文化企业（微观）作为文化产业内基础的生产单元，构成了文化产业的基础。三个层次由小及大，自上而下系统构成文化产业安全分析的层次，相互推动、缺一不可。

从宏观层次分析，廖倩（2012）指出，维护国家利益是我国文化产业安全的最高战略目标。首先,确保文化产业安全必须坚持正确的导向,引导人们树立正确的世界观、人生观、价值观。而概览我国文化产业内部所呈现的主要问题,如政府职能定位不准、产业布局不合理、市场监管不到位等,充分说明我们在国家层次上应拥有的文化安全意识缺失。从中观层次上看,如行业协会作为联络政府和企业的中介,对文化产业健康发展和文化市场的有序管理等一直发挥着重要的桥梁作用,但往往容易被低估和忽视。而产业链和产业园的集聚效应更是文化产业发展的内生力量。因此,在中观层次上,文化产业安全应是行业内企业达到一定规模的状态,并具有较好的可持续发展能力和较大的产业影响力(何维达等,2007)。因此,为切实维护文化产业安全,引导并强化文化产业行业内部的协调、监督、自律、维权等重要职能,必须充分发挥行业组织和服务机构的作用。在微观层次上,综观国际文化产业的竞争形势,文化企业的国际竞争力成为文化产业安全的核心内容。然而,当前我国文化企业国际竞争力普遍不强,纵然有万达集团等类似文化企业的国际大型并购案例,但与大型跨国文化企业相比,无论从规模方面,还是从经济效益和品牌影响力方面,都有很大的差距。作为微观层次上的我国文化企业,应积极走出去、请进来,搭乘我国提升综合实力的快车,定准战略,练好内功,快速提升竞争力,在国际市场的激烈竞争中占有一席之地。

2. 文化产业安全维度构成分析(Dimension)

在确定文化产业安全分析的视角,并认准文化产业安全分析的层次之后,下一步就要系统分析文化产业安全的内在结构维度和构成要素。

从文化产业基本属性来看,文化产业既有一般的产业经济属性,又具有意识形态属性。文化产业的这种特殊属性决定了文化产业安全必须包括经济安全和意识形态安全两个维度,即意识形态维度的文化产业安全和经济维度的文化产业安全。而基于文化产业安全意识形态维度,主要应由主流意识形态安全(如文化主权保障、文化产品的政治导向等)、核心价值观念安全(如文化产品的国家价值导向、国外价值导向、社会影响等)、国家民族传统文化安全(如语言文字、文化认同等)三个方面。文化产业经济安全维度内容主要包括文化产业竞争力生成能力(如核心专业人才增长率、自主知识产权比率)、文化产业国际竞争力(如贸易竞争力指数、产业集中度等)、文化产业生态环境(如国际产业政策、产业融资等)、文化产业控制力(如外资市场控制率、外资品牌占有率等),以及文化产业对外依存度(产业出口对外依存度、产业进口对外依存度)五个方面。

依据产业经济学、产业安全等理论,文化产业安全内容又可以分为文化产业组织安全、产业结构安全、产业布局安全、产业政策安全四个维度。

一是文化产业组织安全。从定义来看,文化产业组织安全是指为了促进文化产业内企业健康发展和提供公平有序的市场竞争环境,一个国家(地区)的有关文化产业管理制度催生的,文化产业市场行为与市场结构的各种关系的总和。在开放和公平的市场经济环境中,科学高效的文化产业组织对于促进文化产业机构的高级和合理化,提高文化市场资源的科学配置效率,以及增强地域外部市场干扰,从而提高我国文化产品的市场占有率具有基础性作用。文化产业的市场结构、产业效率和文化企业市场行为、生产绩效等要素对文化产业组织安全有较大影响。

二是文化产业结构安全。在开放、公平的市场经济环境下,文化产业结构安全是指产业内各级细分产业间充分协调、高效协同和健康发展的状态。在这种状态下,产业内部各类文化企业主要由本国资本控制,具有较强的核心竞争力,且可通过自身发展协调能力优化产业结构,逐渐实现产业结构的迭代升级。在升级过程中展现出较强的自主迭代能力和创新能力,不受限于外商资本。在我国,文化产业有数字新媒体、新闻出版、动画动漫、广播影视、文化周边产品等细分产业,这些产业之间紧密协调,能够依据其产业发展客观规律进行升级与调整,高效协同均衡发展,充分适应文化产业需求的新变化,充分契合文化产业经济发展各个阶段的发展规律。文化产业所有制结构、产品结构、内部结构的合理化水平和关联度是文化产业结构安全的重要维度,具体来说,主要包括三个方面的内容:①文化产业内部各细分产业之间的结构比例是否有利于其产业结构调整升级。文化产业既包含文化内容发展、文化产品制造,又包含文化内容翻印、文化交流和文化内容传播等。②文化产业发展总体目标与其产业结构政策之间的相互适应性。③文化产业结构是否具有国际竞争能力(佟东,2015)。

三是文化产业布局安全。文化产业布局，是指一个国家（地区）的文化产业在其空间上的宏观布局状况。文化产业布局安全即为这种布局能够深度开发和有效保护文化战略资源，进而形成一整套文化产品创新体系，创造性地向文化市场提供高创意文化产品，既能优化升级文化产业结构，也可提升文化产业的核心竞争力。李孟刚（2010）认为，文化资源空间分布状况、文化需求空间结构状况、文化技术创新空间溢出状况、文化投资空间分布状况是评价和衡量文化产业布局安全的主要因素。

四是文化产业政策安全。文化产业政策是在文化产业有效组织，文化产业结构和文化产业布局不断优化的基础上，由一个国家（地区）的政府促进和推动本国（地区）文化产业的决策总和的制度安排。而决策的正确性、及时性和独立性是衡量产业政策安全的重要指标。科学合理的文化产业政策，对于增强本国（地区）的文化产业结构调整弹性，进而提升本国（地区）产业核心竞争力，具有重要价值。从内容上来看，本国（地区）文化产业布局和结构政策安全、组织政策安全、市场开发和技术政策安全是文化产业政策安全的主要组成部分。

3. 文化产业安全影响因素分析（Factor）

从以上的分析来看，文化产业安全是个复杂的体系，既受到产业外部因素如国外文化产品的冲击，也会受到市场集中度、业内人力资源等多个内部因素的制约。根据产业经济学、产业安全和产业管理等有关理论以及文化产业安全的现有研究来看，这些内外部因素必将会对文化产业组织、产业结构、产业布局以及产业政策等产生各种影响，进而合力最终影响和威胁我国文化产业安全。这就需要深入地研究这些影响因素，全面准确地识别各类影响因素，并能明晰具体影响程度，达到及时监控、科学预测和及时预警我国文化产业安全的目的，最终为我国政府提供调整应对策略，确保我国文化安全处在一个合理的范围内波动。

一是文化产业组织安全影响因素。在文化产业组织安全方面，产业规模经济性、市场集中度行政壁垒、跨国公司策略等影响着文化产业安全。这是因为文化产业行业规模决定进入壁垒。高进入壁垒，会形成先入者的垄断，从而对其他企业具有排他性，对于文化产业相对弱势的一国（地区），容易形成他国（地区）对本国（地区）的文化产业控制局面，文化产业将面临较大威胁。而在国内文化市场竞争中，若市场集中度增高，就会增强对国内文化产业市场的控制力，从而提高文化产业的安全度。

二是文化产业结构安全影响因素。这方面的主要影响因素有文化产业国际投资、国际贸易、国际间的产业转移以及资源供给结构与社会需求的匹配度等。例如，随着文化资本、劳动力以及文化资源禀赋等决定着文化资源的供给状况，这些要素一旦波动，必将影响国家文化产业结构的状况，进而威胁到文化产业结构的安全。

三是文化产业布局安全影响因素。无论是一个国家（地区）的经济发展，还是其文化产业的发展，其外部优质的政治、经济、技术和社会环境都是非常重要的影响因素，这些环境影响着经济并与经济发展紧密联系，当然它们也影响着文化产业布局及其安全。同样，健康、有序、公平、合理的市场竞争也推动着文化产业布局更有前瞻性，更加合理化和更具安全性。综合来看，文化产业的国内外政治、经济、社会、技术环境，市场环境，国家产业政策环境，文化产业的科技发展以及人力资源储备等都从不同的层面，不同程度地影响着文化产业布局的安全。

四是文化产业政策安全影响因素。文化产业组织有效化、产业布局合理化、产业结构均衡化是文化产业政策的主要目标。这就要求在进行文化产业政策决策时，发展理念的先进性、战略规划的长远性、目标选择的正确性、措施手段的针对性尤为重要，中间有任何一个环节处理不到位，就会影响文化产业政策的安全性。因此，可以认为文化产业政策信息完备性、决策机制科学性、决策能力水平、安全治理体系等都是文化产业政策安全的影响因素。

4. 文化产业安全路径分析（Path）

结合产业经济学、产业安全与产业管理等理论，并根据当前文化产业安全的有关研究成果，从文化产业权益、产业控制力、产业发展力和产业竞争力四个维度构成了文化产业安全概念的基础。这四个方面的维度不仅是文化产业安全分析的角度，也可以将其作为提高文化产业安全水平的实现路径。

从四个方面的关系来看,文化产业权益和文化产业控制力是起点和基础,也是核心,这两条路径实现水平的高低直接决定着文化产业发展力的水平,进而决定文化产业竞争力,并最终对整个文化产业安全提供有力保障(见图1—5)。鉴于此,文化产业安全的分析理论框架除了确定分析视角和层次,找准文化产业安全维度,识别和明晰影响因素外,还要进行提升文化产业安全水平的实现路径分析。路径分析和影响因素分析共同成为文化产业安全分析框架的关键内容。

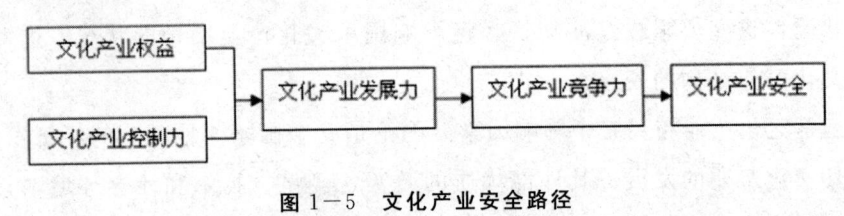

图1—5 文化产业安全路径

文化产业安全路径一:强化文化产业权益。文化产业权益主要包括意识形态产权,文化遗产、资本、知识、人才等方面的产权(高海涛,2014)。因此,文化产业权益是文化产业安全的根本路径,从本质上和内在上决定文化产业的安全。维护文化产业安全,确保在开放的全球文化产业竞争大环境中,某一国(地区)的文化产业权益的核心利益不能受到侵犯,并得到坚实保障。这条路径是文化产业安全的首要前提和根本保障。

文化产业安全路径二:提升文化产业控制力。文化产业控制力,是指一国(地区)的资本对本国(地区)文化产业的控制能力。在当前开放的国内国际产业竞争环境下,他国(地区)的文化产业集团一般善于利用自身特有的优势,如资本、管理、技术、人力、营销等方面的优势,充分借用并购、重组等战略手段控制本国(地区)文化企业,直至某个文化产业细分产业或整个产业,从而严重威胁到本国(地区)文化安全和经济安全。因此,提升文化产业控制力就是维护文化产业安全的又一个根本路径。对应到我国文化产业安全的维护问题,无论在文化产业规划的前期,还是呈现集聚发展的高峰期,都要牢牢把握文化产业的控制权和自主权,通过大力提升文化产业控制力确保我国文化产业安全。

文化产业安全路径三：提升文化产业发展力。根据有关理论和研究成果，文化产业发展力是立足产业层面，对文化产业初期建构、成长、发展和调整升级等行为的生动刻画和客观表述。文化产业发展力是文化产业安全的核心特征，文化发展力的提升受到文化产业权益、文化产业控制力水平的制约。例如，从国家宏观层面来看，文化发展力水平高既表现在优质合理的市场结构、规范有序的市场行为以及充满活力的产业经济的总体状态，也表现在这种状态可持续发展的能力，同时，还表现在本国（地区）与他国（地区）的比较优势方面。

文化产业安全路径四：提升文化产业竞争力。产业竞争力是在开放的市场竞争环境中，一国（地区）文化产业与他国（地区）相比，文化产业综合实力较量的重要体现。在当今全球化经济的大背景下，提升文化产业国际竞争能力是维护国家文化产业安全的关键路径和重要目标。要确保一国（地区）的文化产业安全，不仅要有强大的产业控制力，而且还要能有效抵御文化产业各种威胁，从而实现文化产业的均衡和协调发展（何维达等，2007）。每一个文化产业的竞争主体（如企业），在当今的开放经济环境下，都应积极参与无比残酷的市场竞争，要在国际市场竞争的洪流中赢得一席之地方可保持健康可持续的发展。因此，实现一国（地区）的文化和经济安全战略，就要立足产业竞争力角度，系统深入地处理产业竞争力与产业安全的内在关系，从而制定出国家经济安全发展的战略（李孟刚，2006）。

5. 文化产业安全度评价（Evaluation）

从前述分析得知，文化产业安全具有战略性、系统性和动态性的特征，基于不同的角度、不同的层次、不同的内容去衡量和评价文化产业安全，将会得到不同的结果。因此，这就需要构建一套体系，科学而系统地度量评价，从而客观精准地刻画其文化产业安全状态，以便于科学预测安全趋势、实时跟踪安全状况以及及时调整安全对策，达到维护文化产业安全的目的。

从现有的文献研究和实践应用分析来看，文化产业安全评价包含的指标十分庞大，目前还没有一个统一和公认的标准，现有的成果只能从其中选择一个或多个视角进行评判，指标的测量和评价的结果均有较大差异，有的评价结果与实际情况还不够吻合。具体来说，何维达等（2007）相对较早地对产业安全评价指标体系进行了研究。在这个指标体系的基础上，廖倩（2012）结合我国文化产业状态的阶段性特征，对其评价指标进行一定的补充和适当调整，针对文化产业安全评价，研究构建了一套包含4个一级指标和24个二级指标的综合体系，这4个一级指标分别为文化产业国内生存环境、国际竞争力、对外依存度、产业控制力。李毅、漆玉伶等（2012）选取了世界市场份额等7个指标构建了文化产业安全模型体系，该体系以产业对外依存度和国际竞争力指标为主。谢巍等（2014）借鉴了国际竞争力的测度方法，构建了我国文化产业安全评价指标体系和安全度评价模型，该体系共囊括了产业生产要素占有权安全、使用权安全、收益权安全以及要素处分权安全等4个一级指标和62个二级指标。在实践应用方面，北京印刷学院文化产业安全研究院已连续多年发布《中国文化产业安全报告》，从文化产业生存环境、对外依存度、竞争力、产业控制力等4个指标和28个二级指标对我国文化产业安全度进行了测量（佟东，2015）。

综上所述，现有的研究与实践应用成果，不同学者关于文化产业安全评价指标体系和测度方法的差异性表明文化产业安全评价的难度、复杂度，不仅对文化产业安全的静态性难以把握，更难以确定文化产业安全的动态性发展趋势。因此，构建一套系统、科学的指标体系迫在眉睫，且意义重大。评价体系的科学性要求既要符合文化产业发展的基本规律，又要契合本国（地区）的发展实际，既能达到维护文化产业安全的要求，又能促进文化产业的可持续发展。系统性是指评价体系的指标既能体现宏观、中观层次的需要，又能兼顾微观层次上的要求；既能体现总体的发展水平，也可以获取各个子系统之间的指标。文化产业安全水平的评价一般包括评价指标体系构建、算法模型构建等内容，其中合理的评价指标选择是前提和关键。

第二章 我国文化产业安全现状

近年来，在党和国家出台实施的一系列推进文化改革与发展政策措施的推动下，我国文化产业蓬勃快速发展，文化产业发展环境不断改善优化，文化产业规模迅速扩大，文化投资、消费、出口全面增长，公共文化服务均等化水平稳步提高，文化产业体制改革取得突破性成就。随着全球化进程的推进，中国文化市场开放度不断扩大，文化产业在能够更好地利用外部资源的同时也更易受到外部因素的冲击，文化产业安全发展面临新的挑战。

第一节 我国文化产业发展现状

一、产业发展速度快

近年来，在党和国家政策支持下我国文化产业进入快速发展阶段，呈现爆发式增长态势。2004—2017年，我国文化产业发展速度明显比同期的国民经济发展速度快（见表2-1），在带动我国经济发展中发挥了重要的作用。2017年，全国文化及相关产业增加值3.47万亿元，比2016年增长了12.8%，比同期名义GDP增速高出4.2个百分点，连续多年保持两位数增长。

表 2-1　2004—2017 年我国文化产业法人单位增加值及占比

年度	法人单位增加值（亿元）	增长率（%）	GDP（亿元）	GDP 增长率（%）	占 GDP 比重（%）
2004	3439	—	159878.3	—	2.15
2005	4375	27.2	184937.4	15.7	2.37
2006	5123	17.1	216314.4	17	2.37
2007	6412	25.2	265810.3	22.9	2.41
2008	7600	18.5	314045.4	18.1	2.42
2009	8400	10.5	340902.8	8.6	2.46
2010	11052	31.6	401513	17.8	2.75
2011	15516	40.4	473104	17.8	3.28
2012	18071	16.5	518942	9.7	3.48
2013	20081	11.1	568845	9.6	3.53
2014	23940	12.1	645639.1	13.5	3.76
2015	27235	11	762499.7	18.1	3.97
2016	30785	13	934062.1	22.5	4.14
2017	34722	12.8	1159171.1	24.1	4.2

注：2011 年度文化产业数据是按照新标准进行修订的数据。
资料来源：国家统计局、前瞻网。

二、产业发展环境优

国家近年来出台一系列支持文化产业发展的方针政策，使得文化产业发展的外部环境不断优化。党的十五届五中全会正式提出"文化产业"概念。党的十六大进一步提出要区分文化事业和文化产业，强调既要抓公益性文化事业，又要抓经营性文化产业，这对于文化产业的发展具有里程碑式的意义。党的十七大又从增强国家文化软实力、推动社会主义文化大发展、大繁荣战略高度，提出要兴起我国社会主义文化建设高潮，并对文化产业发展做出新部署。在 2008 年国际金融危机爆发之后，国务院又颁布我国历史上的第一部文化发展专项规划《文化产业振兴规划》，系统设计新形势下我国文化发展的指导思想、基本准则、目标任务、重点项目和扶持政策。这标志着我国文化产业发展被正式提升到国家战略高度。2011 年 10 月，党的十七届六中全会通过的《中共中央关于深化文化体制改革，推动社会主义文化大发展大繁荣若干重大问题的决定》，明确提出要推动文化产业成为国民经济支柱性产业的历史使命。党的十八大高度重视国家文化建设，进一步明确把"文化软实力显著增强"作为2020年实现全面建成小康社会的目标之一，并把文化产业发展成为国民经济支柱性产业。党的十八届三中全会进一步明确提出"文化产业要作为支柱产业发展"，我国文化产业面临着前所未有的机遇。党的十九大强调要健全现代文化产业体系和市场体系，创新生产经营机制，完善文化经济政策，培育新型文化业态。

三、文化产业规模大

首先，我国文化产业的固定投资规模在持续扩大。特别是近年来，随着国家对文化产业政策支持力度的不断加大，尤其是以《文化产业振兴规划》为代表的一系列政策出台，极大地推动了我国文化产业的快速发展，文化产业发展活力被激活，成为经济发展中的一个亮点。我国文化产业的固定资产投资也呈现快速增长的势头，在推动经济发展、优化产业结构中发挥着越来越重要的作用。从图2-1中可以看出，2004年以来，我国文化产业的固定资产一直保持较快增速，且投资规模持续扩大。2004—2013年，我国文化、体育和娱乐业投资增长率最高时达到49.9%，固定资产投资额在不到十年的时间里增加了7倍多，文化产业投资对GDP增长的贡献不断扩大（见图2-1）。

其次，我国文化产业市场规模不断扩大。2015年，全国文化及相关产业增加值占GDP的比重达3.97%，总量达2.72万亿元；2016年文化产业增加值占GDP的比重达4.5%，达到历史新高，在某些省市文化产业增加值占地区生产总值已经超过5%，成为当地经济发展的支柱性产业。2017年，全国文化及相关产业增加值3.47万亿元，2018年我国文化产业实现增加值3.87亿元，逐年攀高。与此同时，数字内容、动漫游戏、视频直播、视听载体、手机出版等基于互联网和移动互联网的新兴文化业态发展动能强劲。2016年和2017年，全国规模以上文化信息传输服务业营业收入分别增长30.3%和34.6%，文化创意和设计服务业营业收入均增长8.6%。

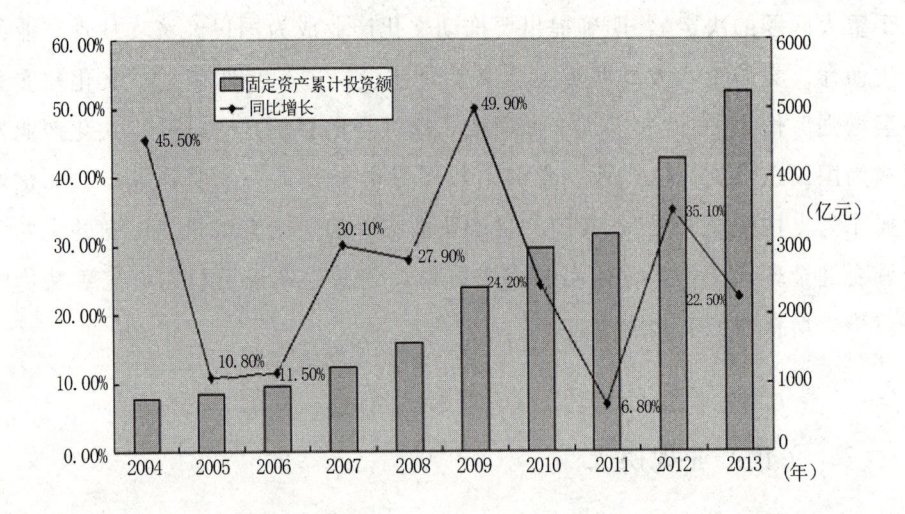

图 2—1 2004—2013 年我国文化、体育和娱乐业固定资产累计投资额及增速

资料来源：《中国统计年鉴 2014》。

表 2—2 2011—2012 年的文化产业细分行业对比

细分行业规模	2011 年度（亿元）	2012 年度（亿元）
超过千亿行业	艺术品：1959	艺术品：1784
	数字出版：1377.9	数字出版：1935.5
500 亿元～1000 亿元行业	报纸：818.9	报纸：852.32
	图书：664.4	动漫：759.94
	动漫：621.72	图书：723.51
	—	网络游戏：601.2
100 亿元～500 亿元行业	网络游戏：468.5	演艺：355.9
	演艺：233	期刊：220.86
	期刊：162.6	电影：170.73
	电影：131.5	—
100 亿元以下行业	网络音乐：27.8	网络音乐：45.9
	音像：26.1	音像：28.34
	电子出版物：6.2	电子出版物：9.2
总计	6497.27	7486.9
2012 年文化产业增长率	15.23%	

资料来源：根据统计局数据整理。

再次，我国文化产业发展潜力大。虽然我国文化产业规模已经有了很大程度的扩张，但与美日韩等西方发达国家情况相比，我国文化产业发展仍然具有很大发展潜力。美国文化产业产值占其GDP的24%，日本文化产业占其GDP比重超过10%，韩国文化产业占其GDP比重也超7%。而我国，直到2017年，其文化产业占GDP比重才达4.2%，未来我国文化产业的发展仍然具有很大的发展潜力。

最后，中国文化产业市场份额不断扩大。从2013年世界文化产业总销售额的数据来看，北美地区占比最高达35.2%；欧非和中东为30.9%；亚太地区达到27.4%；中南美洲仅为6.5%[①]。但亚太地区国家的文化产业发展速度最快，高达9.8%，其中中国和印度两国是推动高增长的"两台主要发动机"。未来，如果我国文化产业仍然保持目前较快发展速度，我国在世界文化产业的市场份额将持续扩大。

四、文化产业结构不断优化

在文化产业规模不断扩大的同时，我国文化产业结构不断优化。2015年，文化产业各部分的增速分别为文化服务业增长14.1%；文化批零业增长6.6%；文化制造业增长8.4%。文化服务业增速明显高于其他部分，文化服务业占比也在逐年增加，文化产业结构得到不断优化。国家统计局数据显示，根据对全国规模以上文化及相关产业6.0万家企业的调查，文化制造业营业收入3.81万亿元，比上年增长4.0%；文化批发和零售业1.67万亿元，同比增长4.5%；而文化服务业3.45万亿元，同比增长15.4%。

从我国文化产业综合发展指数来看，整体呈上升趋势，文化产业发展质量不断提升，文化产业市场健康发展能力得到增强，实现了从政策哺育逐渐向市场配置资源的转化，文化产业的发展从速度型向质量型转变，我国文化产业发展进入了新阶段。

---

① 数据来源：韩国文化内容振兴院。

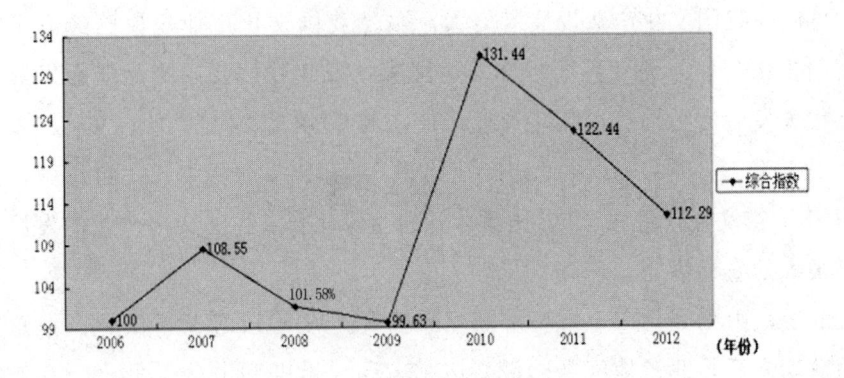

图 2—2　2006—2012 年中国文化产业发展综合指数

资料来源：《2014 中国文化产业发展指数报告》。

五、产业主体快速成长

按照重塑文化市场主体的目标，以转企改制为中心环节，国有经营性文化单位转企改制工作全面完成。至此，我国现代文化产业主体基本形成，现代文化产业体系和文化市场体系基本建立。截至 2012 年 9 月，已经有 3000 家新华书店、580 家出版社、57 家广电系统所属电视剧制作单位、850 家电影制作发行放映单位、38 家党报党刊发行单位全部完成转企改制工作。2102 家承担改革任务的文化系统国有文艺院团，已有 99.5% 的院团基本完成撤销、转企改制或划转任务（不含保留事业体制院团）。同时，还注销 6900 多家经营性文化事业单位法人，核销 29.4 万个事业编制。

骨干文化企业营业收入快速增长，规模化、集约化的水平大幅度提升。截至 2015 年年底，共有 49 356 家规模以上文化企业，资产总额达 83 902 亿元，营业收入达 84 163 亿元，实现增加值 17 796 亿元，分别比 2014 年增长 7.8%、20.9%、14.0% 和 11.0%，规模以上文化企业营业收入占全部经营性文化企业营业收入比重达 74.5%。而 2018 年规模以上文化企业达到 6000 家，实现营业收入 89 257 亿元。

六、产业需求不断扩大

发达国家相关经验表明，在人均 GDP 超过 3000 美元时，文化消费将进入快速增长阶段，对文化产品的消费年均将达到 10% 以上；当恩格尔系数在 30%～40% 时，文化消费将在个人消费中的比重提升到 20%。根据相关统计资料，2016 年我国人均 GDP 达到 49 351 元，比上年增长 6.3%，即 7575 美元，城乡居民家庭的恩格尔系数分别为 34.8%、37.1%。这意味着，我国文化消费将进入快速发展阶段。实际上，2015 年，全国居民用于文化娱乐的人均消费支出为 760.1 元，增速为 13.2%。2018 年，全国居民用于文化娱乐的人均消费支出为 827 元，这说明全国居民用于文化娱乐人均消费支出保持了较快的增长速度，同时人均 827 元的消费支出仍然还有很大的增长空间，必然有力支撑文化产业的更多更好地发展。

七、文化产业贸易呈快速增长

根据商务部的统计，2016 年，我国文化产品出口总体上呈快速增长态势，中华文化的国际影响力持续提升，文化产品进出口总额达 885.2 亿美元，出口为 786.6 亿美元，顺差达 688 亿美元。文化体育和娱乐业对外直接投资 39.2 亿美元，同比增长 188.3%。统计局数据显示，2018 年，我国文化产品进出口总额为 1023.8 亿美元，2013—2018 年年均增长 2.4%。其中，我国对"一带一路"沿线国家文化产品进出口总额达 184.8 亿美元；美国、中国香港、荷兰、英国和日本为我国文化产品出口前五大市场，合计占 59.6%；我国对"一带一路"沿线国家和地区的文化产品出口由 2008 年 55.4 亿美元增长到 2018 年的 162.8 亿美元；我国文化、体育和娱乐业对外投资额为 16.9 亿美元，为 2008 年的 84.5 倍，占我国对外直接投资额的比重为 1.3%。文化贸易"走出去"步伐不断加快，图书、影视剧、网络游戏等文化产品在国际市场销售状况良好。

表 2—3　2016 年全国出版物对外贸易情况

类型	指标（单位）	累计出口	累计进口	总额	差额
图书、期刊、报纸	数量（万册、份）	2061.77	3138.07	5199.84	-1076.30
	金额（万美元）	7282.58	30121.65	37404.23	-22839.07
音像制品、电子出版物、数字出版物	数量（万盒、张）	26.15	18.56	44.71	7.59
	金额（万美元）	2191.50	16685.95	18877.45	-14494.45
合计	数量（万册、份、盒、张）	2087.92	3156.63	5244.55	-1068.71
	金额（万美元）	9474.08	46807.60	56281.6	37333.52

数据来源：2016 年新闻出版产业分析报告。

1. 版权引进

2016 年，全国共计引进版权 17252 种（其中含有引进出版物 17174 种），较 2014 年减少 4.8%（其中引进出版物版权增长 7.5%）；输出版权 11133 种（其中输出出版物版权 9811 种），比 2015 年增长 6.3%（其中输出出版物版权增长为 10.7%）；版权输出品种与引进品种比例由 2011 年 1∶2.1 下降到 1∶1.55（详见表 2—4）。

表 2—4　对外版权贸易总体规模

总体指标	数量（种）	较 2011 年增减（%）
引进	17252	4.8
输出	11133	6.3

数据来源：2016 年新闻出版产业分析报告。

从版权引进来源看，从韩国、俄罗斯、日本引进版权增长最快，增长率分别达到 20.83%、19.54% 和 10.22%。而从中国香港、中国台湾和加拿大引进版权数量则大幅减少，分别下降 25.53%、12.35% 和 0.65%（详见表 2—5）。

表 2-5 2015—2016 年引进版权情况

指标	2015 年	2016 年	增长率
引进版权总数（项）	16639	17252	4.77%
从美国引进版权总数（项）	5182	5461	3.40%
从英国引进版权总数（项）	2595	2966	5.85%
从德国引进版权总数（项）	895	895	9.82%
从法国引进版权总数（项）	720	1100	10.11%
从俄罗斯引进版权总数（项）	57	104	19.54%
从加拿大引进版权总数（项）	140	152	−0.65%
从新加坡引进版权总数（项）	265	262	8.26%
从日本引进版权总数（项）	2161	1952	10.22%
从韩国引进版权总数（项）	1098	1067	20.83%
从中国香港引进版权总数（项）	658	248	−25.53%
从中国澳门引进版权总数（项）	1	1	0%
从中国台湾引进版权总数（项）	1497	979	−12.35%
从其他地区引进版权总数（项）	1370	2065	2.58%

资料来源：国家统计局。

2015 年，引进版权数量最多的前 5 位国家（地区）分别是美国（5182 项，占 31%）、英国（2595 项，占 16%）、日本（2161 项，占 13%）、中国台湾（1497 项，占 9%）、韩国（1098 项，占 7%），具体见图 2-3。2016 年，引进版权数量最多的前 5 位国家（地区）分别是美国（5461 项，占 31.65%）、英国（2966 项，占 17.19%）、日本（1952 项，占 11.31%）、法国（1100 项，占 6.38%）、韩国（1067 项，占 6%）。

2. 版权输出

从版权输出情况来看，2016 年我国共输出版权 11133 项，同比增长达 6.32%。版权输出增长最快的是俄罗斯，增长达 166.67%；其次是中国澳门，增长达 80.81%；再次是中国香港，增长达 42.28%。向英国输出的版权减少最多，减幅 50.14%；其次是新加坡，减幅达 27.39%；其后依次是德国和法国，减幅分别为 25.91% 和 17.59%（详见表 2-6）。

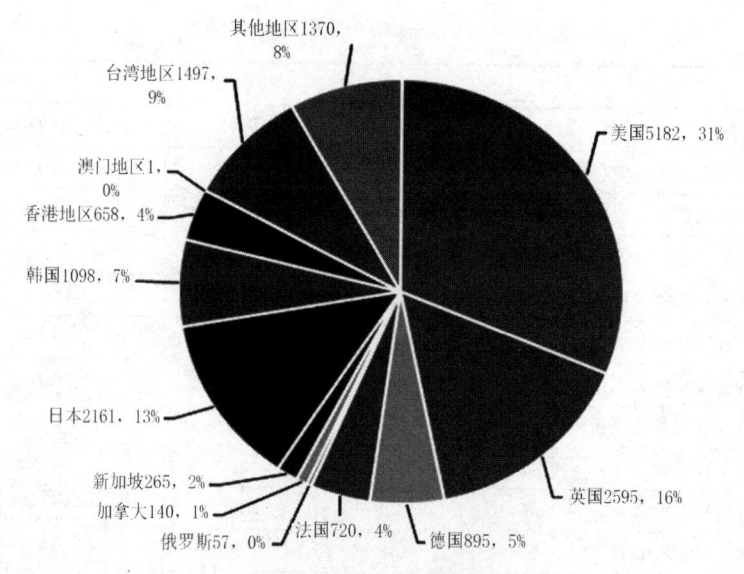

图 2—3 2015 年版权引进来源情况

数据来源：国家统计局。

表 2—6 2015—2016 年输出版权情况

指标	2015 年	2016 年	增长率
输出版权总数（项）	9964	10770	6.32%
从美国输出版权总数（项）	1077	1185	25.15%
从英国输出版权总数（项）	708	353	−50.14%
从德国输出版权总数（项）	467	346	−25.91%
从法国输出版权总数（项）	199	164	−17.59%
从俄罗斯输出版权总数（项）	135	360	166.67%
从加拿大输出版权总数（项）	144	143	−0.69%
从新加坡输出版权总数（项）	555	403	−27.39%
从日本输出版权总数（项）	313	356	13.74%
从韩国输出版权总数（项）	507	654	9.94%
从中国香港输出版权总数（项）	448	710	42.28%
从中国澳门输出版权总数（项）	99	179	80.81%
从中国台湾输出版权总数（项）	1656	2110	13.62%
从其他地区输出版权总数（项）	3656	3807	4.13%

数据来源：国家统计局。

2015年版权输出最多的是我国台湾地区，输出版权1656项，占21%；其次是美国，输出1077项，占14%；再次是韩国和中国香港地区，分别输出507项和448项，占比7%和6%。另外，输出到英美法日韩等之外的其他国家和地区的版权高达2886项，占37%（详见图2-4）。2016年版权输出最多的仍是我国台湾地区，输出2110项，占17.73%；其次是美国和韩国，分别输出1185项和654项，占比11.32%和6.25%。另外，输出到其他国家和地区的版权高达3377项，占29.78%。

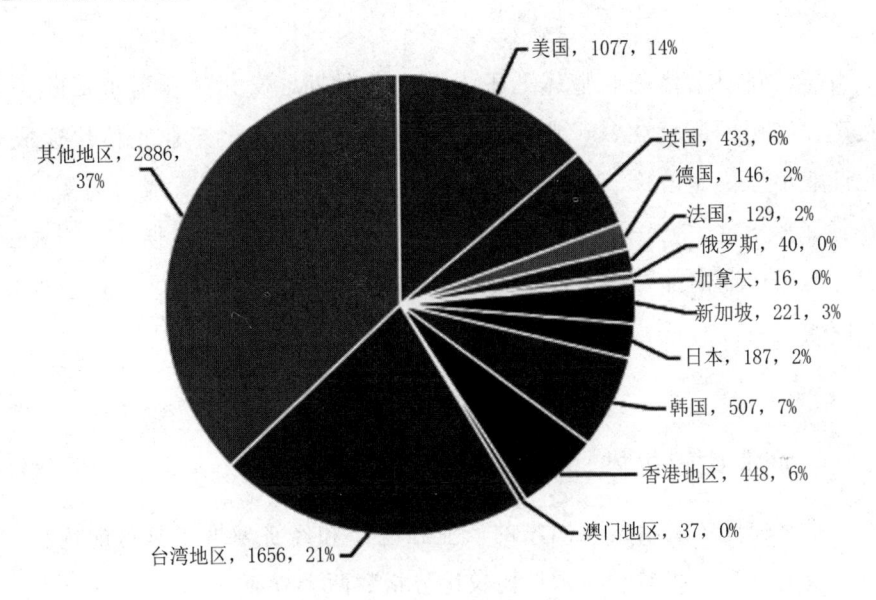

图2-4 版权输出来源情况

数据来源：国家统计局。

八、文化产业精品层出不穷

中国文化产业提供了一大批具有鲜明时代特色、弘扬时代主旋律的文化作品，总体实现社会效益与经济效益的统一。

由中共中央宣传部组织的精神文明建设"五个一工程"评选活动，自1992年起每年进行一次，涌现出一大批弘扬时代主旋律、具有鲜明时代特色的文化精品。近年来，多部主旋律电影作品票房屡创新高，如《我和我的祖国》《战狼》《红海行动》《中国机长》等,科幻动漫影片《流浪地球》《哪吒》等空前火爆。繁荣兴旺的文艺创作,层出不穷的精品佳作,极大地丰富和满足了广大人民群众的精神需要和精神享受,有力地促进了文化产业的蓬勃发展,有力地推动了社会的和谐与进步。

第二节 我国文化产业安全实证分析

当前,我国文化产业整体处于上升发展时期,文化产业需求不断扩大、文化产业结构不断优化、产业发展外部环境不断优化、产业主体快速成长、文化产业出口快速增长、文化产业精品层出不穷,但由于发展时间短,依然存在着许多不足。当一个产业处在快速发展的战略性短缺时期,其产业安全隐患主要是产业内部要素不成熟。因此,这里主要分析我国文化产业的内部安全问题。

一、产业比较优势

产业比较优势表示某一国家的产业在生产和经济发展中具有的优势,主要包括贸易竞争力指数和显示性比较优势指数两个方面。

1. 贸易竞争力指数

贸易竞争力指数,是指某一产业进出口贸易差额占进出口贸易总额的比重,是分析产业国际竞争力的一个重要指标。一般地说,贸易竞争力指数的取值范围是[−1,1]。当指数越靠近1时,表明该产业具有的竞争优势越明显;而指数越靠近−1,竞争力越弱;若指数接近0,则产业的竞争优势趋于一般水平,此时主要体现产品的差异化优势。2008—2013年,我国的文化产业贸易竞争力有逐渐增强的趋势,但其指数均低于−0.5(见表2—7),表明我国文化产业国际竞争力仍然很弱。主要原因:一是我国出口的文化产品和服务档次较低。文化产品输出仍以有形商品为主,版权、设计服务等服务产品出口相对较少。相比之下,发达国家(地区)却占据高附加值领域的贸易主导地位。二是我国文化产业创新能力相对不足。我国推广到国际市场的诸多文化产品和服务,虽然有一些中国文化元素或符号,但是其表现形式落后、原创性差、创意陈旧,或仅是低层次模仿,与现代科技缺乏有效融合,最终其产品和服务的科技含量不高,市场适应性不强,导致国外市场接受度低。三是我国文化产业营销水平有限。由于缺乏具有国际影响力和国际竞争力的文化品牌,文化企业的海外市场营销渠道有限,我国丰富的文化资源无法转化为有市场吸引力和竞争力的文化产品和服务,更难进入海外主流市场。

表 2-7 文化产业贸易竞争力指数

年份	出口额	进口额	贸易竞争力指数
2008	16064.63	74038.88	-0.64
2009	12671.86	80177.96	-0.73
2010	24768.31	80438.03	-0.53
2011	26603.13	96606.66	-0.57
2012	32298.27	109341.12	-0.54
2013	24300.4	106729.03	-0.63

数据来源:《中国统计年鉴2009—2014》中文化产业相关的图书、期刊、报纸、音像、电子出版物、电视节目的进出口额。

2. 显示性比较优势指数

显示性比较优势指数(RCA)主要表示某一地区的产品出口总额在该地区所有产品出口总额中的比值比上全球该产品出口总额在全球所有产品出口总额中的比值。公式为:

$$RCA_{st} = (X_{st}/X_{qt}) / (X_S W/X_q W) \tag{1}$$

其中,X_{st} 为地区 t 出口的产品 s 的总额,X_{qt} 为地区 t 出口的总额,$X_s W$ 为产品 s 的世界出口总额,$X_q W$ 表示世界所有产品的出口总额。

一般来说,当 RCA 大于 2.5 时,该产业的国际竞争力非常强;当 RCA 在 1.25 与 2.5 之间时,该产业的国际竞争力很强;当 RCA 在 0.8 与 1.25 之间时，该产业的国际竞争力较强；当 RCA 小于 0.8 时，该产业的国际竞争力较弱。从表 2—8 的数据来看，2009 年，RCA 最高达到 1.53，其余的年份均低于 1.25，表明我国文化产业的国际竞争力不强。

表 2—8　中国文化产业显性竞争力指数

年份	世界文化产品出口总额（亿元）	中国文化产品出口总额（亿元）	世界出口总额（亿元）	中国出口总额（亿元）	显性（RCA）
2004	1049.65	73.63	741029.56	49106.25	1.04
2005	1195.20	99.09	829410.02	62420.75	0.79
2006	1357.82	126.159	942814.04	77254.71	0.71
2007	1564.82	169.46	1021837.68	92664.09	0.80
2008	1464.65	181.98	1077036.77	99363.06	1.13
2009	1032.85	169.94	825248.08	82076.79	1.53

数据来源：外汇管理局。

由产业比较优势的数据分析得出，在国家政策支持下，我国文化产业得到快速发展，形成了一定的产业基础，但在世界范围内，特别是与欧美、日本和韩国等文化产业发达国家相比，仍有较大差距，呈现出文化产业大而不强的局面，其主要原因在于相关的文化产业基础设施不完善、相关政策法规体系尚未形成、传统的文化管理模式未能适应全球经济一体化的发展，对外文化贸易占整体对外贸易总额的比重仍然较低，文化产品和服务贸易仍然存在对外逆差。在我国文化产业发展前期，文化产业贸易主要是以国际文化交流而不是商业活动存在。

二、产业集中度

产业集中度（CR）表示文化产业规模最大的几家文化企业在整个文化市场中所占的比重，该指标能够从文化产业内部反映产业竞争力的大小。在各部分市场份额确定的条件下：

$$CR = \frac{\sum (X_j)_m}{\sum (X_j)_M}, \quad M > m \tag{2}$$

X_j 表示第 j 家文化企业所占的市场份额；m 表示前几家大规模的企业数量，这里取 $m=8$；M 表示整个文化市场中的企业数量。由国际标准划分可知，若 $CR>70\%$，文化产业为极高寡占型；若 $40\%<CR\leqslant 70\%$，文化产业为低集中寡占型；若 $20\%<CR\leqslant 40\%$，文化产业为低集中竞争型；若 $CR\leqslant 20\%$，文化产业为分散竞争型。

2012 年，我国文化企业数为 36469 家，文化从业人员 6994335 人，行业人力资本 4069.07 亿元，整个文化行业总资产 50336.65 亿元，行业总收入为 56261.54 亿元。将上述的文化产业数据代入公式（2）得，$CR=43.37\%$，则此时文化产业的结构属于低集中寡占型。

三、产业控制力

产业控制力表示国外资本对一国文化产业的控制程度，一般由外资市场控制率和重要企业受外企影响度两个方面组成。

1. 外资市场控制率

外资市场控制率表示国外资本对一国文化市场的影响程度，即国外资本控制的文化企业商品销售额占该国文化市场总销售额的比重。外资市场控制率越高，产业发展安全受影响程度就越大。外资的市场控制体现在外资市场控制率上，而外资市场控制率可以等价于外资市场占有率。在外资市场占有率方面，国际上一般把 30% 视为警戒线。从表 2-9 中的数据可以看出，国外资本对我国文化市场的控制力较弱，主要得益于政府对国外资本进入我国文化产业的政策限制较为严格，使得国外资本不能直接控制我国文化产业的发展，但国外资本大鳄以合资、参股等潜在控制策略占据我国文化版权。例如，我国以互联网为基础的线上产业快速发展，其中以 BAT 为代表的互联网经济势头最为强劲，但在繁荣的背后却是控股超过 50% 的境外资本。

表 2-9　2004—2012 年文化产业外资市场控制率

年份	文化产业外资营业收入（亿元）	文化产业营业收入（亿元）	外资市场控制率（％）
2004	1979.13	16561.50	11.95
2008	3416.10	27244.30	12.54
2012	10128.34	56264.09	18.00

数据来源：《中国统计年鉴》和《文化产业及相关统计年鉴》。

2. 重要企业受外企影响度

重要企业受外企影响度是指一国文化内容受国外企业的控制程度。文化产业不同于一般产业，不仅要从经济属性分析国外资本的影响，还要兼顾文化内容受文化发达国家的影响。例如，我国动漫制作量已跃居世界第一位，但在内容情节上和画面连接上主要依赖国外成熟的动漫作品，使得国产动漫作品的创新性严重缺乏。由于我国知识产权保护体系不够健全，特别是在互联网信息高度发展下，由于文化产品具有复制性强的特点，使得很多文化企业放弃投入成本较高的原创作品，而转向简单复制国外文化产品，没能以我国优秀传统文化为基础，做出真正的"中国文化产品"，造成文化内容依赖国外产品的现象。

四、产业对外依存度

依存度表示一国文化产业发展对国外资本的依赖程度，产业对外依存度一般包括文化产业进口、出口和出口国别三个方面的依存度，通常是反映国际文化市场的变化给一国文化产业带来的消极影响。

1. 产业进口依存度

产业进口依存度表示一国文化产业对国外进口文化产品的依赖度。文化产业进口依存度越高，表示进口的文化产业占本国市场的份额越高，国外文化产业在国内文化市场中就越发举足轻重，国外资本流动和国际市场波动对于国内文化产业的影响就越深,产业生存发展的安全度就越低。从表2—10可知,2009—2013年我国文化产业的整体进口依存度在下降,并且进口依存度水平也不高,这对维护文化产业安全是有利的。我国文化产业的进口对外依存度降低,说明本国对国内文化的认可度高,且主要是依靠国内文化市场,但国内市场上的文化产品版权严重依赖国外引进,导致国内文化产品缺乏真正意义上的"中国心",如国内备受追捧的综艺节目《爸爸去哪儿》《我是歌手》《奔跑吧,兄弟》等,多是成熟的国外综艺节目翻版,缺乏我国传统的文化气息和产品创新;在文化产业的基础技术层面,如互联网时代对国外计算机系统和芯片的过度依赖,严重制约着我国文化产业的安全。

2. 产业出口依存度

产业出口依存度是表示一国(或地区)文化产业外向程度的重要指标。文化产业出口依存度越高,其产业安全度也就越低,越易受到国际市场变化的影响。从表2—10可知,2009—2013年,尽管我国文化产业对外出口依存度在下降,但数值很大,超过了15.0%,这对维护我国文化产业安全是不利的。

表2—10 2009—2013年文化产业进/出口依存度

年份	文化产业进口额(亿美元)	文化产业出口额(亿美元)	文化产业销售额(亿美元)	进口依存度(%)	出口依存度(%)
2009	20.8	104.2	452.06	4.60	23.05
2010	27.2	116.7	590.63	4.61	19.76
2011	12.1	186.9	804.85	1.50	23.22
2012	15.6	259.0	1149.24	1.36	22.54
2013	22.8	251.3	1514.50	1.51	16.59

数据来源:《文化产业及相关统计年鉴》和《中国贸易外经统年鉴》。

3. 出口国别对外依存度

如果某一产业出口的市场过于集中,就容易产生贸易摩擦,产业发展也就越不安全。从表2—11中可以看出,我国文化产品出口对象国较为集中,主要是北美洲的美国、加拿大，亚洲的日本、韩国、新加坡、马来西亚等，以及欧洲的德国、英国、荷兰、法国、西班牙、意大利等，并且多年来较为稳定，只是进口额排位略有变化。过于集中的文化产业出口国别依存度对维护文化产业安全是不利的。

表 2—11　出口国别对外依存度

位次	2009 年 国别（地区）	累计金额（亿美元）	2010 年 国别（地区）	累计金额（亿美元）	2011 年 国别（地区）	累计金额（亿美元）	2012 年 国别（地区）	累计金额（亿美元）
1	美国	61.8	美国	54.57	美国	63.94	美国	75.35
2	中国香港	26.32	德国	13.50	德国	17.03	日本	19.37
3	德国	18.99	中国香港	12.94	中国香港	12.96	德国	18.05
4	荷兰	10.65	英国	8.29	英国	11.46	中国香港	14.69
5	英国	9.92	日本	5.78	荷兰	7.60	英国	12.10
6	日本	7.28	荷兰	5.25	日本	7.20	荷兰	10.83
7	澳大利亚	4.41	阿联酋	3.02	阿联酋	3.92	韩国	8.83
8	韩国	3.80	意大利	2.90	澳大利亚	3.75	新加坡	5.73
9	加拿大	3.16	澳大利亚	2.70	意大利	3.41	阿联酋	5.62
10	阿联酋	2.61	加拿大	2.57	加拿大	3.32	澳大利亚	4.90
11	意大利	2.39	法国	2.24	俄罗斯	2.87	马来西亚	4.45
12	新加坡	2.10	俄罗斯	2.10	巴西	2.68	巴西	4.30
13	法国	1.99	韩国	2.04	法国	2.60	加拿大	4.28
14	巴西	1.62	新加坡	1.85	西班牙	2.32	法国	3.35
15	俄罗斯	1.53	西班牙	1.80	韩国	2.18	西班牙	3.34

从上述分析可以看出，表面上我国文化产业对外依存度非常低，远未达到威胁我国文化产业的地步，但具有我国民族特色和原创文化的作品较少，缺乏本民族核心价值观的表达，潜在威胁我国文化产业安全发展。

第三节 我国文化产业安全存在问题分析

一、文化产业竞争力较弱，产品供给与市场需求不匹配

我国产业竞争力较弱的根源在于文化产品和服务本身的竞争力较弱。我国文化产业产品和服务供给的竞争力较弱的一个重要表征是中低端产品生产过剩而高品质产品和服务供给不足。随着中国经济步入新常态，中国消费者对文化产品和服务的消费层次、消费品位在不断提高，对文化产品和服务的品质要求越来越高。但现实的情况是，虽然中国各种形式的文化产品和服务在数量上呈现爆发性增长，但文化产品和服务供给的同质性严重，产品和服务缺乏原创性，产品差别较小，"有数量缺质量、有高原缺高峰"的现象仍较为普遍，导致整个行业的效益较低，文化产品和服务的"实质性短缺"依然广泛存在，难以满足不同消费者的差异化需求，难以满足新常态下消费者消费习惯不断升级的需求。仅以电影制作为例，近年来中国故事片年均产量700部以上，数量增加了很多，但真正能够上映的不足产量的一半，这其中能够盈利、符合观众审美情趣、深受观众欢迎的作品更是寥寥无几。我国文化产品和服务的另一个突出特征是同质供给。例如，武侠、谍战剧扎堆上演；各类选秀、婚恋节目争相登场；各大景点都是仿古建筑、文化乐园；文化产业园区遍地开花，影视园、动漫产业园、文化嘉年华的建设一哄而上。文化项目建设和内容的无序重复、低端重复，所提供的产品和服务大多雷同，无法给消费者带来差异化的体验，同时一些"空壳现象"频繁出现。产品的低端供给和同质供给使得文化产业在诸多领域存在过度竞争，也使消费者产生审美疲劳。相关统计数据显示，我国文化消费市场潜在规模为4.7万亿元，而实际消费仅为1万多亿元，缺口超3万亿元，根源在于文化产品和服务的有效供给不足，难以满足、引领文化产品消费。同时，某些特殊群体如农民工、农村居民的文化供给严重匮乏，文化设施、文化生活项目太少。

二、文化产业集中度不高，产业控制力较弱

我国文化企业数量较多，但是成立的时间较短，多带有较强的行政色彩，导致文化企业对市场竞争的适应能力普遍不强，有实力的大型文化企业和品牌依然较少，大型文化企业的市场占有率很低，整个文化行业的市场集中度不高。例如，出版发行行业市场占有率最高的企业是中国出版集团，也只有6%左右，市场占有率第二位还不到3%。再如，虽然我国动漫生产数量全球第一，但中国却不是动漫强国，市场上富有竞争力的动漫产品很多是从日本、韩国进口。很重要的一个原因是我国动漫企业规模较小、资本积累不够，在产品的开发方面投入不足，更多的是选择模仿国外的产品，自主产品缺乏原创性，造成整个动漫行业企业多但产品不强。根据《财富》杂志"世界500强"（2012）排名结果，世界共有5家娱乐与媒体行业企业入选，这5家行业企业的平均营业收入达276.3455亿美元，而中国最强的娱乐与媒体行业企业的营业收入仅为68.91亿元，按照汇率换算后，其营业收入仅为上述5家企业的5%左右。

三、文化产业受国外资本影响较大，产业安全堪忧

随着经济全球化的深入发展，全球范围内的文化冲突、文化竞争不断加剧，大量外来文化产品、文化资本进入中国。中国文化产业的对外依存度不高，受国外资本影响较大。国内影响力较大的互联网企业，如搜狐、网易、新浪、前程无忧、百度、阿里巴巴、淘宝、慧聪、携程等均在境外市场上市。另外一些影响力大、发展前景好，但没有上市的互联网企业，也被国外资本所控股。根据中国B2B研究中心2015年整理的有外资背景的互联网企业数据，电子商务服务领域有20家，时尚资讯服务领域有3家，博客服务领域有2家，在线视频服务领域5家，SNS社交服务领域有4家，网络安全服务领域有2家，网络游戏服务领域有4家，婚恋交友服务领域有2家，无线互联网与增值服务领域有2家，在线教育领域有2家。国外资本通过对公司股权结

构进行复杂而巧妙的优化设计,既保证了对国内文化企业的有效控制,又能够有效逃避我国的法律和政策监管,长此以往中国文化产业安全境况堪忧。特别是,国外文化产业资本利用自身信息技术优势和对全球话语权的掌控,加大对我国文化产业的渗透和同化;尤其在文化产业对外开放的大背景下,如果不加以干预,国外的资本集团将加速进入和控制我国文化产业。同时,西方国家通过"文化植入",达到向其他国家推销、传播其价值观的目的。事实上,"文化殖民主义"一直没有停止过,中国文化产业安全备受冲击,如果再不重视中国的文化产业安全,我国主流文化的主导地位将受到威胁。

第三章 文化产业安全预警的国际借鉴

在经济和社会的全球化过程中，文化安全是国家安全的重要组成部分，文化安全问题也成了各个国家亟待解决的问题。文化安全的重要性主要体现在它不仅代表了一个国家核心意识形态和价值观的稳定性，也代表了维护自身民族文化特质免遭外来强势文化侵蚀的特性。

文化安全问题可以分为意识形态安全和产业发展安全。意识形态的安全威胁不仅表现在由于文化异质性带来的冲突，更表现在发达国家对其他民族文化实行的文化殖民和文化霸权（胡惠林，2000）。产业层面的安全威胁是指由于经济全球化改变了传统的国际分工格局，文化产业强势国家通过文化产品和服务的出口构成了对文化产业相对弱势的国家的威胁。各国为了保护处于幼稚产业阶段的文化产业的可持续发展，采取相应政策、措施维护本国文化产业的产业安全就成为必然选择。

随着中国开放程度的深入，经济领域国际化趋势不断增强，中国文化产业必将面临来自意识形态层面和产业安全层面的双重威胁。梳理和总结各国的文化产业安全保护的经验、教训，借鉴、学习其他国家文化安全保护经验，可以达到保护国家利益、维护国家文化产业安全的目的。

第一节 美国文化产业安全相关政策

一、美国文化产业的发展现状

美国的文化产业以版权业为核心，依托本国强大的经济基础和消费能力，形成了具有国际竞争力的文化产品生产体系和文化消费市场。2015年，美国文化产品及服务的出口额达到美国产品出口总值的20%左右，占世界市场的8%左右的份额，成为美国重要的出口部门。国际知识产权联盟2015年报告中称："美国版权产业对GDP和就业的拉动已经超越其他生产部门，成为美国出口增长中的重要角色。"据《美国版权产业发展报告2015》提供的数据显示：2004—2014年，美国核心版权产业产值增速高达3.51%，超过同期美国GDP（2.4%）的增速。2014年美国核心版权产业增加值达到4630亿美元，占其GDP的5.98%，版权产业总体增加值为8785亿美元，占其GDP的11.97%。在就业方面，2014年核心版权产业的就业人数高达548.4万人，占全美就业总数的4.02%。同年，全部版权产业就业人数高达1147.6万人，占全美就业人数的8.41%。

二、美国文化产业安全政策的主要内容

美国文化安全策略的主要方向是进攻而非防守，到目前为止，世界上不存在任何一种文化形态能够威胁到美国的文化安全（郭新宁，2006）。反之，美国为了维护和巩固自身的文化霸主地位，以扩张型的文化安全战略将美国文化传播到世界各地，嵌入异质性的文化体系。美国文化扩张的目的在于建立以美国文化为核心的世界大一统的文化体系，从而在根本上消灭其他文化形态对美国文化安全的威胁。

美国的文化安全政策体现了其强调自由主义的传统，主要是通过文化产

业的全球化、市场化和政府干预的最小化、隐蔽化，强调文化产业投资的民间化。总的来看，美国国家意识形态层面的文化安全策略主要表现在将文化安全纳入国家安全战略体系；产业层面的文化安全策略主要体现在利用成熟的市场实现政府对文化产业的"隐性管理"（郝良华，2012）。

1. 将文化安全保护嵌入国家安全战略计划中

美国虽然是目前世界上唯一的没有专门文化管理部门的国家。但是，从总统到各州政府都极为重视建设文化安全管理和保护体系。在政策思想方面，2002年美国政府编制了第一份《国家安全战略报告》，这份报告中第一次提出美国要对全球进行美国价值观和生活方式的意识形态扩张战略。而这一战略也成为美国文化安全政策的主要指导思想（朱全红，2004）。在管理体制方面，国家安全委员会由总统直接领导，由副总统、国务卿和国防部长以及核心部门的顾问组成。安全委员会的重要职责之一就是评估美国当前的文化形势，并制定未来国家文化安全的重点管理领域和方向。国家安全委员会中各部门分工明确，国会参众两院负责文化及文化安全方面的立法和审批；审议并批准每年的文化安全领域的预算案并拨款；监督和调查文化安全政策的实施效果。美国国家利益委员会负责针对文化安全方面的调查研究，发现和消除国家安全中存在的文化隐患。

由此可见，尽管美国没有专门的文化管理机构，但是其对文化安全的重视已经提升到国家战略的高度，文化安全政策渗透于国家政策之中。由于美国本身拥有强势的文化形态内容和实力雄厚的文化产业，因此其文化安全政策以对外输出和扩张为主。

2. 利用成熟的市场体系，完善法律、资金扶持、行业自律制度，对文化产业进行"隐性管理"

在制度建设方面，美国对文化产业的保护主要是通过构建完善的法律体系实现。早在1787年，美国就颁布了文化艺术事业版权保护相关的法律制度。在美国宪法中明确规定给予作家和发明家著作权的保护。虽然美国没有一部单独关于文化产业的立法，但关于文化产业发展的各个方面在相关领域的法律中都有涉及。例如,《联邦税收法》就对文化产业发展的税收、资金来源等做出了全面详细的规定。

在财政扶持方面,实行国家与州政府共同管理的制度。由联邦政府成立国家艺术基金、国家人文基金和博物馆与图书馆事业学会基金。美国主要通过这三个基金募集支持文化产业发展的资金,这三个机构通过专业的评估筛选出本领域中获得资金支持的文化产业发展项目。此外,国家艺术基金和人文基金通过与各州政府共同成立的文化艺术理事会合作实现国家与州政府支持美国文化产业发展的协同效应。具体措施是由国家艺术和人文基金为州政府的文化艺术理事会提供一笔拨款,目的是支持本州的文化产业发展。州政府则提供相应的财政资金作为共同基金。联邦政府通过杠杆管理的方式,实现了对文化产业的宏观指导和微观管理,并通过运营基金的方式有效地支持了各州的文化产业发展。

在产业管理方面,美国政府抓住了文化产业的核心资源——创意阶层。通过制定关于创意阶层的劳动保护制度,激励文化产业领域的创新和创造。具体来说,美国联邦政府通过指导文化艺术机构和行业协会等非政府组织制定自律条约,以有效约束文化产业从业人员的行为。同时,某种程度上也是保护从业人员的合法权益。例如,美国好莱坞的编剧工会、演员工会等自律组织的成立为推动美国电影工业化进程发挥了重要作用。

上述政策的实施,不仅保护和鼓励了本国文化产业的发展,壮大了美国文化产业的实力,而且还在更深层次上保证了美国文化产业的优势地位,从而维护和巩固了美国文化产业安全。

第二节 法国文化产业安全相关政策

随着经济全球化趋势的推进,经济上的支配性力量衍生出文化产业方面的市场势力。"文化全球化"在产业形态和精神形态两个层面上构成了对一个主权国家文化产业安全的威胁。法国的文化产业保护政策不同于美国式的自由主义,而是在强调政府对文化产业的管理和规划(王晓德,2007)。

一、法国文化产业发展现状

法国历史悠久，不仅拥有卢浮宫、凡尔赛宫等著名的历史文化遗产，还是现代超现实主义和印象主义艺术发源地。法国文化旅游业、时尚产业、艺术品交易等文化产业的市场占比一直稳居世界前列。2015年法国文化产业的经济总量为850亿欧元，占法国GDP的3%左右，文化产业领域的就业人数占法国整体就业人数的8%左右，成为法国主要的就业部门。近年来，法国电影产业持续走强，稳居欧洲电影市场前列。2015年法国电影市场的整体影院上座率比2014年同期提高了7.7%，达到20.8亿人次。市场表现远高于法国电影市场以往十年的平均水平。截至2015年12月，法国时尚业的从业者达到16万人次，平均每年产生350亿欧元的产值。其中，香水和化妆品、高级时装和珠宝设计是法国的主要时尚产业部门，占法国消费品广告年支出总额的43%左右。《TEFAF艺术市场报告2016》显示，虽然受全球经济下行趋势的影响，全球艺术市场在2015年总销售额达到638亿美元，相比2014年的682亿美元下跌7%。但是，法国的艺术市场在2015年还维持了3%的增长率。在2015年欧洲艺术市场中，法国的市场份额达到19%，仅次于英国64%的市场占比，位居第二。法国文化产业的发展特点可以概括为三个"坚持"原则，即坚持文化产业保护的政府主导原则、坚持文化产业发展的全民参与原则、坚持文化贸易中的"文化例外"原则。从2005—2015年，法国政府对文化事业和产业的投入从43亿欧元增长到85亿欧元，十年增长了接近100%。为了维护和宣传法国文化，法国在国内外建立了庞大的文化宣传网络，对外文化宣传费用占法国外交总支出的30%以上。国家从资金到政策上对法国文化产业的发展进行了大力扶持，法国的文化产业始终保持着"法国特色"。

二、法国文化产业安全政策的特点

我们可以从对内和对外两个方面分析法国的文化产业安全政策特点。在对内的文化产业安全政策方面,相关政策的重点在于扶持体现本国文化特色的产业,并对美国文化的传播设定限制条件。在对外文化产业安全政策方面,法国首次提出"文化例外"的国际贸易原则,要求在国际贸易中对文化产品的进出口实施特别的保护制度(何其生,2012)。

1. 以资金和政策扶持为主导的对内文化产业安全政策

法国重视政府对文化产业的直接管理。在资金保障方面,法国每年针对国际文化机构和艺术团体的资金补贴大约占国家预算资金的1%左右。补贴的方式以直接拨款的方式为主。资金扶持对象主要是公益性的文化单位和国家重点的文化设施和艺术院校等。例如,以巴黎国家歌剧院为代表的国家剧院的收入中有70%左右来自政府的直接拨款。在资金管理方式上,法国政府主要采用合同管理的方式。法国政府通过制定文化发展协定的方式确定资金的使用目标。例如,法国政府为了实现全国公共文化设施的平衡建设,避免文化产业过度集中在巴黎地区,2005—2015年,政府文化产业直接拨款中,有2/3用于巴黎以外地区的文化产业支持项目。

2. 以"文化例外"理念为指导的法国对外文化安全政策

法国以"文化例外"的原则抵制美国文化的入侵,维护本国文化的独立性和可传承性。法国的"文化例外"原则在文化产品内容的制作和传播领域体现得最为突出。在对国外的节目引进方面,法国最高视听委员会规定了引进国外节目的时长比例。例如,在电视节目播出中,欧洲节目比例要占60%(超过欧盟所规定的比例50%以上),其中法国人制作的节目需占40%以上。在文化内容制作方面,法国规定独立节目制作部门每年至少将15%~20%的资金用于原版法语节目的制作。同时,法国的广播电视机构每年必须播出不低于200部法国本土制作的影视节目。法国的文化产业管理部门从文化产品内容制作到市场流通各个环节制定了详细的政策,以支持本土文化产业的可持续发展(石文卓,2016)。

法国实施高于欧盟平均标准的文化产业保护政策,取得了良好的绩效。2015年的统计数据显示,美国电影在欧盟各国院线的占比达到了70%。尽管法国拥有的电影院线的数量居欧盟国家之首,但是美国电影在法国的院线的占比仅为27%~35%,远低于欧盟的平均水平。这说明正是由于在文化贸易中,法国积极推行"文化例外"政策而对法国本土的文化产业形成了有效保护。

第三节 英日韩文化产业安全相关政策

由于物质资本回报率不断下降,以物质资本驱动发展的产业在发达国家逐渐失去了主导地位,文化产业高知识密集、高技术密集和高附加值的特点成为未来经济的增长点。由于文化产业能为经济增长提供新的动力,成为推动地区经济由粗放型向集约型转变的关键,因此,以英国、日本和韩国为代表的发达国家将文化产业作为本国的战略性新兴产业,但由于这些国家的文化产业发展起步较晚,国家出台了一系列政策从产业层面保护本国文化产业的安全。

一、英国文化产业安全政策

第二次世界大战后,英国的产业结构发生了重大变化,传统工业部门在国民经济中的比重不断下降,制造业集中的城市普遍出现经济衰退现象,城市转型、经济结构调整迫在眉睫。在此背景下,1997年英国政府将促进文化创意产业的兴起作为引导英国走出经济困境的有效方法。1997年英国政府成立创意产业特别工作组,文化创意产业已成为推动英国文化出口,补贴国际贸易逆差的重要产业类型。2015年,文化创意产业占英国产业增加值的比例达到了7.2%,文化创意产业的出口额占英国总出口额的10.6%,其中设计类产品和服务的出口额最高。就业人数方面,2015年英国文化创意产业的就业人数为150万人,占总就业人数的5.6%。企业数量方面,2015年英国10.9万个文化创意类公司,占英国公司总数的7.13%。此外,英国还形成了五个各具特色的创意中心城市,分别是设计业中心——伦敦,音乐之都——

格拉斯，广播电视制作业中心——曼彻斯特，新媒体公司集聚区——布拉德福德，艺术之都——爱丁堡。

尽管从1997—2015年，英国的文化创意产业增长速度较快，但是从产业国际竞争力角度来看，当前英国的文化创意产业仍属于幼稚产业范畴，因此，英国出台了一系列政策通过促进产业发展来保证文化产业的安全。其文化产业安全政策的目标主要体现在国家通过构建政策支持体系保护和促进国内文化产业发展，并通过贸易出口促进英国文化产品在世界范围内的传播。

1. 制定文化创意产业的发展战略

早在1998年，英国就颁布了首个创意产业政策性文件《创意产业路径文件》，明确了创意产业发展的基本路径和发展战略。2008年，英国又颁布《创意五年策略（2000—2013年）》，进一步提出创意产业发展的目标和具体路径。

2. 积极推进本国文化创意产品和服务的国际化

为促进本国文化产品的出口，提升英国文化产业的国际竞争力，英国政府在1998年成立了文化创意产业顾问团。顾问团不仅涵盖了艺术表演业、文化遗产及旅游业等英国核心的创意产业组织，还包括负责创意产业输出推广的机构，以保证英国文化创意产业对外宣传的顺利有序进行。该顾问团在实践中对其文化创意产业发展提供广泛意见和建议，有力地促进了英国文化创意产业的发展和国际市场的开拓，提升了英国文化创意产业的国际竞争力，并形成了产业与政府的互动关系。

3. 集合社会力量推动文化创意产业人才的培养和开发

2014年，英国政府宣布增加3.32亿英镑用于对音乐学校投资，并为每所小学的孩子免去一年的音乐费用。同时，着重创造多种条件以支持和鼓励年轻人从事创意方面的工作。1997—2015年，英国培育了12万多家文化创意企业，注入资金超过3.5亿英镑。英国政府对艺术项目的资助占英国艺术教育机构的90%以上，与此同时，大约有80%的艺术类青年从业者被纳入创意合作计划，使得他们有机会与艺术家和其他创意专业人员一起工作。

4. 注重人才培训，树立终身培训的理念

英国政府在注重对当前艺术产业进行资金扶持的同时，也积极为文化创意产业未来的发展培育人才。通过成立基金会的方式，英国政府从1998年至今已经成立了上千家艺术培训机构。这些机构由企业的培训协会负责，政府通过与企业签订合作合同，将文化创意人才培训的项目市场化。通过这个项目，2015年英国有60%的技术工人拥有中级职业技术水平，其中有30%的人拥有高级职业技术水平。人才队伍的建设保证了英国文化和创意产业的可持续发展。

二、日本文化产业安全相关政策

在世界文化产业体系中，日本的文化产业规模位居世界第二，排在美国之后。在日本本国产业体系中，文化产业位居第二。2006年日本文化创意产业的市场规模达到13.98万亿日元，后来有小幅减少。2006—2015年，日本文化产业对GDP的贡献始终维持在5.2%左右。内容产业是日本文化产业的主要类型，而内容产业中又以数字产业为核心产业。日本的数字内容产业体系包括广播电视、电影、动漫、游戏、出版和音乐等多个产业，其中发展的重点在游戏、软件、电影、音乐、出版和服务六大领域。游戏和动漫作品是日本出口海外文化产品的两支重要力量。此外，通过出售动漫作品的版权，日本动漫产业在美国和亚洲市场获得了丰厚的衍生品收入。

日本文化产业安全政策的特点可总结为几个方面：一是注重文化产业保护的多主体参与；二是注重从立法角度保护文化产业；三是出台刺激文化产品创作生产的财政投入政策与扶持措施。

1. 文化产业安全保护的多主体参与

日本在维护文化安全、拓展文化利益的过程中，参与主体多种多样且各主体之间相互协调配合，产生了良好的效果。文化厅作为日本文化行政的主管部门，总体负责日本文化安全政策的制定和实施。文化厅下设文化审议会与宗教法人审议会，其中文化审议会又包括文化政策部会、国语分科会、著作权分科会、文化财分科会、文化功劳遴选分科会等五个专门审议会。文化厅还成立了美术品补偿制度会、国际文化交流恳谈会、日语教育推进会、文化设施讨论会等专门性讨论机构，对日本文化安全领域的各方面做出总体的制度规划。

外务省则在日语的全球普及以及日本文化对外传播方面发挥着积极作用。其下常设"海外交流审计会"，负责制定日本文化海外传播的相关政策。而且，该省还设立了"广播文化机构"，负责日本文化的对外传播以及人员的国际交流等事务。此外，外务省每年还会定期组织"国际漫画奖""卡通人物角色扮演世界大会"，积极推进日本文化尤其是现代文化的对外传播。另外，经济产业省在内容产业方面、国土交通省在地域观光方面都成立了专门的行政机构。这些机构通过制定政策、组织活动等方式，进一步扩展了日本的文化安全体制。

日本国民是日本文化安全政策中最重要的参与主体，同时也是最终受益者。据内阁府2015年10月调查统计：20世纪70年代，日本国民对物质享受与文化享受的重视程度基本相当；20世纪80年代，日本国民对文化享受的重视程度开始上升。目前，认为文化享受更加重要的人数约占60%，高出重视物质享受的人数比重约30%。日本国民在体验了经济增长带来的物质满足后，越发认识到文化对于生活的重要意义，参加文化安全政策制定的积极性在不断提高，对文化事业的支援度也在不断加大。

由此可见，日本文化安全政策在制定和实施过程中，参与主体多种多样，其中既包括政府各相关部门，也包括独立行政法人、财团法人等机构，另外，企业团体与广大民众也积极参与其中。可以说，正是有了如此广泛的参与主体，日本的文化产业安全才得到了切实的保障。

2. 构建完善的法律体系

长久以来，日本构筑国家文化安全体制的一项重要措施就是立法，用法律来保障传统文化安全、现代文化发展以及国家文化利益。日本对文化产业保护的立法始于 1950 年，日本颁布实施了《文化财保护法》，为文化财产的保护工作奠定了法律基础。21 世纪，为了应对国际形势变化对文化安全带来的挑战，日本政府又分别于 2002 年 7 月，2006 年 6 月和 2007 年 4 月颁布了《文化财产不当输入规制法》《关于推进国外文化遗产保护国际合作法》和《武力纷争时文化财产保护法》，进一步完善了文化产业国际贸易中的法律保护体系。2002 年 12 月，《独立行政法人日本艺术文化振兴会法》获得通过，该法律规定了成立"文化艺术立国"战略的专门文化行政机构——日本艺术文化振兴会。在此基础上，日本细化了对文化设施、内容产业、文字出版等文化艺术相关领域的立法工作。另外，伴随着全球化与信息化的发展，日本也开始加强对知识产权这一文化安全问题的立法工作。

3. 实施刺激文化内容创作的财政投入政策与扶持措施

日本对文化产业的财政扶持主要体现在政策优惠补贴和财政直接投入两个方面。一方面，日本政府通过出台财政和税收政策鼓励文化产业的发展。政策优惠的主要方面：第一，对文化产业紧缺人才的和优秀作品的财政补贴，在综合援助政策方面主要给予能够体现日本各区域地方特色文化活动的补贴。补贴的主要形式是中央和地方政府以税收、政策性银行投资、信用担保等方式发放。第二，在财政投资政策上，政府的主要投资项目是与公益性的文化基础设施相关的项目。另外，加大对小微文化企业的政策倾斜。第三，在文化对外推广方面，2005—2015 年，日本政府投资 24 亿日元用于购买国内优秀文化内容产品的版权，免费提供给目标市场国，从而培养目标市场消费者对日本文化产品的消费依赖。第四，为鼓励文化内容产品的创作，日本政府通过财政拨款设立各类文化振兴和文化交流基金，专门用于资助和奖励文化产业领域的优秀人才、优秀作品以及相关创新活动等。

另一方面，对文化产业进行直接财政投资。日本政府从 20 世纪 90 年代初就开始加大对文化产业投入的预算，从 1993 年的 500 亿日元投入增加到 2003 年的 1000 亿日元，此后一直稳定在这一水平。这些财政投资培育了相对成熟的文化产品消费市场，培养和激发了优秀文化产品创作和生产，对本国文化产业的发展起到了重要的促进作用。

三、韩国文化产业安全保护政策

韩国文化产业主要是在 20 世纪末的金融风暴后开始迅速发展，文化工业为韩国经济提供了新的动力引擎。2015 年，韩国的文化产业出口总额为 50 亿美元，占韩国 GDP 的 15％。同时，2015 年，韩国文化产业创造的附加值收入达到 56.17 亿美元，韩国文化产业的无形资产总值达到了 947.9 亿美元。另外，在拉动就业方面，每 100 万美元的文化产品和服务的出口，就会带动 14 至 15 人就业，而传统制造业的就业拉动能力仅为文化产业的一半左右。此外，韩国电影、电视剧和网络游戏的生产制作均位于世界前列。韩国电影在 2000 年以后屡获世界大奖，随着韩国电影业的崛起，韩国电影版权受到国际市场的热捧，并且出现了国际知名的电影节，如釜山国际电影节、富川国际电影节、首尔国际女性电影节等。韩国电视剧跨越国界，在亚洲等邻国取得巨大成功。例如，近年来热播的《太阳的后裔》《来自星星的你》《继承者们》等电视剧不仅提升了韩国电视剧版权出口的数量，也拉动了广告、电视剧周边产品的销售额。2016 年热播的《太阳的后裔》的版权销售额达到 100 亿韩元，同时该剧带动韩国旅游、汽车及相关消费品等间接出口额 2980 亿韩元。在网络游戏领域，韩国通过整合政府、协会、电子游戏厂商之间的关系，促进了电子游戏产业的快速发展。20 世纪 90 年代后期开始，随着规模不等的在线竞技平台的设立，如 On Game Net（2000）、MBC 游戏频道等，韩国的电子竞技业逐渐兴起。2015 年韩国在线游戏产业的海外出口收益达到 10 亿美元。据韩国文化体育观光部和韩国文化内容振兴院报告显示，2018 年韩国文化内容产业出口额为 95.5078 亿美元，同比增长 8.4％。而 2014 年为 52.7352 亿美元，之后逐年递增，5 年间年均增长率达 16％。2018 年游戏出口额为 63.9161 亿美元，占整体的 66.9％，其后依次为动漫形象（7.3334 亿美元）、知识信息（6.441 亿美元）和音乐（5.6417 亿美元）。韩国文化产业安全保护政策主要特点是积极推行文化产业发展战略、建立有效的组织管理机构、积极开拓国际市场。

1. 推行文化产业发展战略

韩国国会（1999）通过《文化产业促进法》，明确提出要推进文化、娱乐及内容产业发展。1999—2001年，韩国政府先后拟定《文化产业发展5年计划》《文化产业前景21》和《文化产业发展推进计划》等产业发展计划，推出一系列重大举措和政策措施，有力推动了韩国文化产业的发展。

2. 成立专职组织管理机构

1994年，韩国文化观光部首次设立了主管文化产业的文化产业局。文化产业局下设12个附属机构，其中，文化产业振兴院成立于2001年，是协助将创意内容衍生成文化产品的一个辅助机构，主要通过建立综合的文化产业援助系统，重点扶持动画、音乐、卡通等文化产业。文化产业振兴院界定的产业项目有音乐、动画、卡通、电子游戏等，也包括提供设备租借、投资和技术教育训练、协助发展对外出口和国际营销、研究产业中长期计划等项目。

3. 积极支持开拓国际市场

韩国文化产业瞄准国际文化市场，以进入中国、日本等东亚国家为重点，通过设立各种驻外机构，支援文化产业的对外出口和营销，加强调研和鼓励开展跨国生产合作，举办和参加国际性展销洽谈活动，设立奖励制度和奖金以支持重点出口项目，开拓国际市场等。

第四节 对我国文化产业安全政策的启示

综观世界各国的文化产业安全政策的特点，可以总结为三个方面的经验。第一，美国作为世界唯一的文化霸权国家，其文化侵略和意识形态输出是我国文化安全政策中应该重视和警惕的。但同时，美国建立在自由市场基础上的文化产业支持政策是未来我国文化产业努力的方向（王沪宁，1994）。第二，以法国为代表的对国内文化产业具有独特性保护政策的做法是我国在文化产业开放的过程中需要重视和借鉴的。第三，对以英国、日本、韩国为代表的国家政策推动文化产业发展的经验借鉴可以保证我国文化产业国际竞争力的持续提升。

1. 将文化产业安全上升到国家安全的高度

要审慎矫正和积极引导文化产业发展方向，将文化产业安全上升到国家安全的高度。一方面坚决反对文化殖民和文化霸权，采取适当保护文化产业的政策；另一方面也要汲取国外文化产业发展的经验，促进中国文化产业的发展壮大。要基于自身优势，在演艺、影视、动漫、出版、新媒体等领域培育一批富有中国特色或中国元素的知名品牌，提升中国文化产业的生命力和竞争力以及在国际上的辐射力和影响力。同时也要激发和传递中国的文化自信；要讲好中国故事，传播中国声音，丰富和完善世界对中国文化的中国印象；要抓住"一带一路"倡议机遇，加快发展文化贸易，支持重点文化企业的海外投资项目，显著提升中国文化产业国际影响力和竞争力。

2. 加大宏观政策扶持和微观市场环境完善力度

发达国家的成功经验表明，文化产业扶持政策和知识产权保护制度等，是推动本国文化产业发展的有效工具。首先，通过加大国家财政投入，设立专项基金、鼓励民间资本进入、完善税收政策等措施，为文化产业提供资金保障和财政支持。此外，鼓励社会团体、公司、基金会和个人为文化艺术团体提供社会资助，以资金匹配要求和鼓励多方主体对文化产业投资，形成文化产业多元化投融资体制。其次，发达国家的相关发展经验表明，创意专利和知识产权保护是促进文化产业可持续发展的前提。我国应该完善知识产权保护和加大知识产权侵权的执法力度，保证文化生产者能够获得创新带来的超额利润，从而激励文化领域生产的积极性（方丹，2015）。

3. 增强文化内容创新能力

国外文化产业发展历程表明，加强与文化产业发达国家的沟通，积极提升高端创意阶层的质量和规模是提升文化企业创新力的重要保障。而只有具备较强的创新能力才能实现文化产业国际竞争力的提升（杨晓芳，2016）。因此，我国的文化产业安全政策的重要任务是从文化产业的供给侧保证产业创新能力的不断提升。

第四章 我国文化产业安全预警体系框架设计

第一节 我国文化产业安全预警体系建设的主要问题

1. 产业安全意识不到位

文化产业安全战略认识不够。文化产业安全不仅关系到经济安全，更关系到文化安全。文化安全是国家战略，关系国家和民族安全（胡惠林，2011）。必须从国家战略高度予以重视。但从我国文化产业安全维护现状来看，整个社会对文化产业安全的认识仍不足，特别是对文化产业安全风险的滞后性和深远性认识不足。以国家利益为最高目标的文化产业安全意识尚未形成，文化产业安全战略定位尚未上升到国家高度。以致在产业发展的战略选择、市场准入等方面，出现了追求局部利益而忽视国家利益的现象。文化企业的安全决策也多是依据自身损益，而非整个行业乃至国家利益（胡方、邓瑾，2013）。

文化产业安全立法层级不够。现有的文化产业安全立法层级偏低，未能强调文化产业安全在国家安全中的重要地位。我国当前的文化产业立法总体仍以审批和限制为主，对文化产业经营主体的保护意识和服务意识没有得到应有的重视。文化产业安全保护缺乏相关法律规定。有些规定因过于抽象而在实际中难以执行，如《外国投资者对上市公司战略投资管理办法》中的第四条，虽然规定战略投资者不得危害国家经济安全和社会公共利益，不得损害产业安全等，但都未明确其适用情形和具体认定标准，这就给实际操作判别增加了难度。

2. 预警基础体系不健全

法律基础薄弱。我国至今尚未出台专门保障国家文化产业安全的法律，仅有的规范政策也只限于国务院法规和部门规章等，并存在立法理念错位、立法冲突等问题，其相关规定大多过于抽象，缺乏明确标准，实际难以执行（叶雪，2015）。

预警架构体系有待完善。目前尚未形成完善的信息采集、安全评估、信息发布、预警应对的架构体系。现行的商务部产业预警系统只是狭义的产业预警，仅有损害预警，不能全面监测文化产业安全的诸多因素，且其预警网络也不完善，信息传递效率较低。

预警技术基础薄弱。对文化产业安全风险的规律认识不够，预警技术支撑比较薄弱。缺乏科学的文化产业安全预警评价指标体系、预警评价模型；文化产业安全监测报送体系不健全，信息监测范围狭窄，警示能力有限（胡方、邓瑾，2013）；产业安全风险事件的应对处理能力有待加强；缺乏专门的文化产业安全数据平台，无法提供产业安全预警需要的大量时间序列和界面数据，也没有可以参考借鉴的案例数据库（李孟刚，2006）。

3. 预警工作机制不完善

没有形成有序高效的分工协作机制。对文化产业安全预警涉及的商务、文化、宣传等部门，以及相关行业协会、商会、重点文化企业等，没有明确分工；多头管理造成了主体缺失、无法协调。产业预警的风险信息由不同部门分别监管，信息资源分散，各部门、环节之间缺乏有效的信息交流共享机制。

行业预警机制尚未形成。目前仅有的少数预警都是由政府主导实施，行业协会的作用不大。按WTO规则，行业协会在贸易摩擦预警中有着十分重要而又无法替代的作用（王毅，2009）。2012年开始执行的文化产业分类标准（2012版）虽然很好地推动了我国文化产业发展，但仍然比较笼统，行业界定宽泛。2018年新修订的《文化及相关产业分类（2018）》新增、调整了一些更加符合文化产业定义的活动小类和结构,具体实施效果还有待检验。另外,由于历史原因,现有的行业协会覆盖面小,掌握的行业信息有限,很难充分发挥应有的管理协调作用。预警信息发布滞后,应对结果反馈机制不畅(胡方、邓瑾,2013)。

4. 预警标准规范不完备

文化产业安全预警体系标准缺失。"产业安全"没有法律意义上的认证和界定(纪宝成、刘元春,2006)。现行的产业安全预警评价指标及其综合评判缺乏科学标准,无法满足预警评估的科学要求。

产业预警工作流程缺乏规范。文化产业安全预警信息报送、预警信息发布、信息反馈、预警应对等,都有待进一步完善和规范。另外,缺乏产业安全警情应对处理规范,国内外文化产业安全预警典型事件的起因、应对过程、应对方法等案例信息匮乏,无法学习借鉴。

第二节 文化产业安全预警体系的关键要素

1. 文化产业安全预警评价指标体系

构建科学合理的文化产业安全预警评价指标体系是建立文化产业安全预警体系的关键。科学合理的评价指标体系,将有助于对我国文化产业安全进行适时、动态地监控和预警。从宏观层面来说,通过构建文化产业安全预警评价指标体系,分析、确定产业安全预警风险等级,从而对文化产业的发展趋势和安全态势进行总体把握。从微观层面来说,就是通过产业安全具体指标来反映具体的安全状况。同时要围绕文化产业市场安全和内容安全两个维度,设立产业预警的一般整体性指标和关键性指标,既要反映一般性的产业安全态势,又要密切关注关键领域的安全状况。另外,还要注意定量与定性结合、模型评价与专家评价结合、状态性指标与过程性指标结合,特别还要设计能够及时监测、发现趋势性、苗头性问题的评价指标。

2. 文化产业安全预警标准规范

标准化是实现文化产业安全预警的基础，对于规范和指导文化产业预警体系建设至关重要。依据本国经验或国际惯例确定国家产业安全标准和临界值是发达国家产业预警的普遍方法。因此，必须要有一套科学的标准规范，主要包括文化产业安全预警评价标准、产业预警工作流程规范、产业预警应对规范等。文化产业安全预警评价标准主要是根据预警指标设置阈值标准，以便于根据监测数据及综合评价信息进行危害识别和判断，确定风险等级，以对一定时空内的文化产业发展趋势和安全态势进行总体把握。文化产业安全预警工作流程规范主要包括信息采集、预警评价、信息发布、警情应对等具体规范，是一个由风险识别、风险评价、风险决策、风险评估等活动构成的动态的风险管理过程。文化产业安全预警应对规范包括一般性预防措施和紧急性应对方案，主要是针对产业安全风险事件的有效防控而制定的具体应对流程、规则和方法，以增强应对预案的针对性和科学性。

第三节 我国文化产业安全预警体系架构设计

文化产业安全预警体系的目标是挖掘各种影响文化产业安全的风险因素，并通过提前进行信息预警来引领文化产业（政府、行业、企业等）的安全行为，减少文化产业安全事故的发生、减轻产业安全事故可能导致的不良后果。因此，一个完整有效的文化产业安全预警体系可以监控文化产业市场、内容及其可持续发展状况，及时对文化产业安全信息发出预警判断，预防产业安全事故的发生。因此，文化产业安全预警体系架构主要包括文化产业安全市场预警体系、文化产业内容安全预警体系，以及文化产业可持续安全预警体系等部分（高海涛，2014）。

根据信息管理、安全管理相关理论，借鉴发达国家相关产业的成功预警模式，并结合我国文化产业及其安全管理现状，本书初步构建文化产业安全预警体系框架（见图 4-1）。该预警体系框架基本功能模块主要包括预警信息采集系统、预警分析系统和预警反应系统(王建平,2013;谢振国、凌捷,2011)。

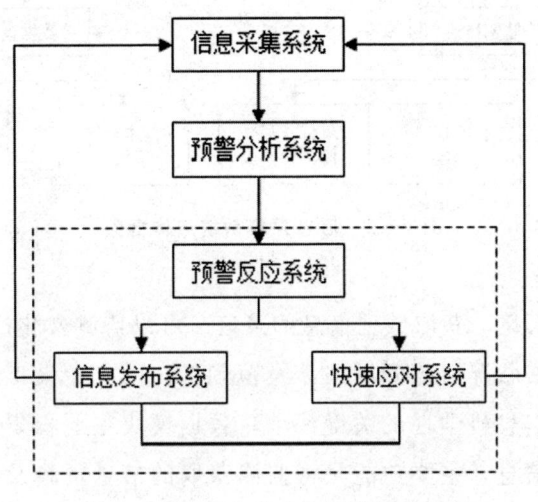

图 4-1 文化产业安全预警体系框架

一、信息采集系统

信息采集是通过政府相关部门、行业协会、第三方机构等对文化产业运行情况进行实时监测,为预警体系分析评估提供基础的数据信息。信息采集系统是整个预警体系有效运行的前提,其主要功能就是负责文化产业安全预警相关数据信息的监测、收集、整理和更新。信息采集过程将涉及政府相关主管部门、相关行业协会、第三方机构等多个组织主体。因此,数据采集过程中,应根据各自的职责分工和领域专长,及时采集、上报相应数据信息,以保证数据信息的准确性、时效性和科学性。

信息采集系统的输入端主要负责监测各种相关数据信息,同时提供及时有效的数据信息。数据信息采集系统及其运行的有效性将直接影响整个预警体系正常运行。由于文化产业安全本身的复杂性和多样性,很难持续保证其数据信息的完整和统一。因此,信息采集体系是整个体系的关键环节。信息采集系统根据功能由监测模块和数据模块组成,每个模块又包含若干子模块(具体见图4-2)。

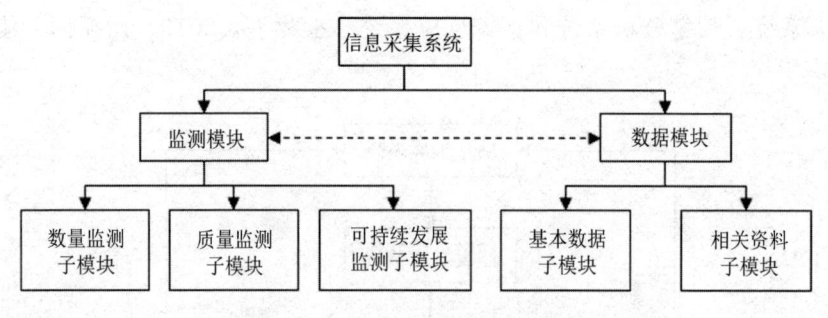

图 4-2　信息采集系统结构框架

监测模块是采集、获取数据信息的渠道，可以监测文化产业发展的数量、质量和可持续发展状况。监测网络涉及范围广，网点建设工作量大，合理的布局是保障数据信息科学性的关键环节。数据模块主要积累、存储文化产业安全相关的数据信息，主要功能是将监测获取的信息资料及时存储起来。监测模块与数据模块之间需要建立便捷的通道，以便模块之间的联系和信息共享。

信息采集系统的构建是一项复杂的建设工程，涉及面广，技术要求高，要建立全国性的实时监控监测网络体系，就需遵循"资源整合、部门协作、循序渐进、科学可行"原则，按照"分级负责、条块结合、上下联动"的思路，建立由宣传部门协调、政府综合统计部门牵头、文化等相关部门参与的工作机制，共同做好文化产业信息采集工作。

由于我国文化产业安全预警体系基础设施水平低，信息传递明显滞后，且存在统计口径不统一或重复统计等现象，目前尚未形成统一、完善的预警信息网络体系。通过信息采集系统的建设，可以促进信息的收集、整理及数据库的建设，有利于我国文化产业安全发展。

二、预警分析系统

预警分析系统是整个安全预警体系的核心环节，主要是利用信息采集系统的数据信息，对文化产业安全状况、风险级别、风险发生的概率进行分析、量化、判断，并及时反馈，从而为预警反应系统提供科学依据。因此，预警分析系统的功能将直接影响文化产业安全预警效果。

预警分析系统的输入主要来自信息采集系统提供的数据信息,其输出是安全风险评价信息。从结构来看,预警分析系统主要包括预警评价模块、预警分析与决策模块两个部分(见图4-3)。

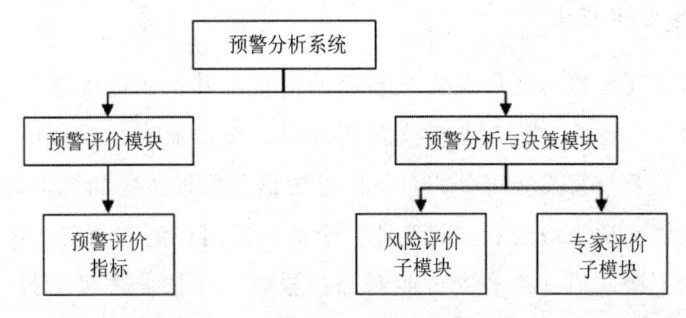

图4-3 预警分析系统结构框架

预警评价模块是整个预警分析体系的关键和基础。要对文化产业安全预警事件进行准确预测和有效控制,首先必须构建一套科学的评价指标体系,以便客观科学地评价文化产业安全态势。文化产业安全预警指标体系包括宏观和微观两个层面。

预警分析与决策模块包括安全风险评价模型子模块和专家评价子模块,主要功能是应用文化产业安全预警模型和专家评价系统,对采集的产业安全源数据进行危害识别和判断。在产业安全预警分析评价过程中,由于相关理论模型的局限,仅凭理论分析,其风险评价有时难以达到及时、准确的要求。因此在应用评估模型评估时,还需建立一支经验丰富的专家评价团队,利用专家的判断,以保证文化产业安全预警评价的科学性。因此,预警分析与决策系统是一个融数据信息分析与专家评价判断为一体的综合体系。

三、预警反应系统

预警反应系统的主要功能是按照预警的分析结果,通过预测、预报、警示和调控等应对措施,启动相应的应急应对机制和措施,进行及时的反应,以对文化产业发展进行有效安全防控,最大限度地防范风险保护文化产业的发展。预警反应系统的构建也是一个复杂的系统。产业安全风险防控需要相关政府部门、各个行业协会和企业通力协作、密切配合、合理分工、及时协调，预警反应系统才能发挥及时、有效的作用，所采取的措施才能有力得当。

1. 信息发布模块

预警信息发布是实现产业安全预警的前提，其发布的预警信息的准确性和及时性将直接影响文化产业安全预警效果。按产业安全预警信息传递的层级、流向，预警信息发布可分为自下而上的信息报告预警和自上而下的预警。从下往上主要是地方政府和文化产业安全监测部门接到重大安全风险报告后，应当立即向上级政府和产业安全监测部门报告，并依此逐级上报，直至国家产业安全监测部门。从上往下的预警则是将产业安全预警信息从文化产业安全监测部门向本级以及下级各相关机构通报。在全球化的今天，文化产业安全比较复杂，因此，在发布重大或特大产业安全预警信息时，这两种方式通常是同时进行的，以保障更大范围内的产业安全。

2. 快速应对模块

快速应对模块就是按照预警结果和应急预案制度进行分级响应，是针对有效、快速预防和控制产业安全风险事件而制定的应对规则、流程和方法。一般应急预案应根据产业安全的风险等级实行等级应对制度，针对不同等级来制定相应的对策、措施和方法。在重大安全事件发生时，应立即启动快速反应系统以进行有效控制。根据文化产业安全的风险等级及其危害程度，可将响应状态细分为一级响应、二级响应和三级响应。一级响应由国家层面的应急指挥部或办公室组织实施，通常是指相关关键指标出现严重问题，可能会严重危及产业安全，或是全国范围内涉及面很广的相关问题。二级响应由省级层面的政府产业预警部门或行业协会组织实施，一般是在本省域范围内比较严重的问题，可能危害省内文化产业安全。三级响应可由地市层面的政府产业预警部门或本地行业协会组织实施，一般是在本地市范围内需要引起重视的问题，可能影响和损害产业安全。启动文化产业安全预警快速响应系统时，要在产业安全预警指挥机构的统一调度下，相关单位要按照各自职责分工做好相关应急处置工作。

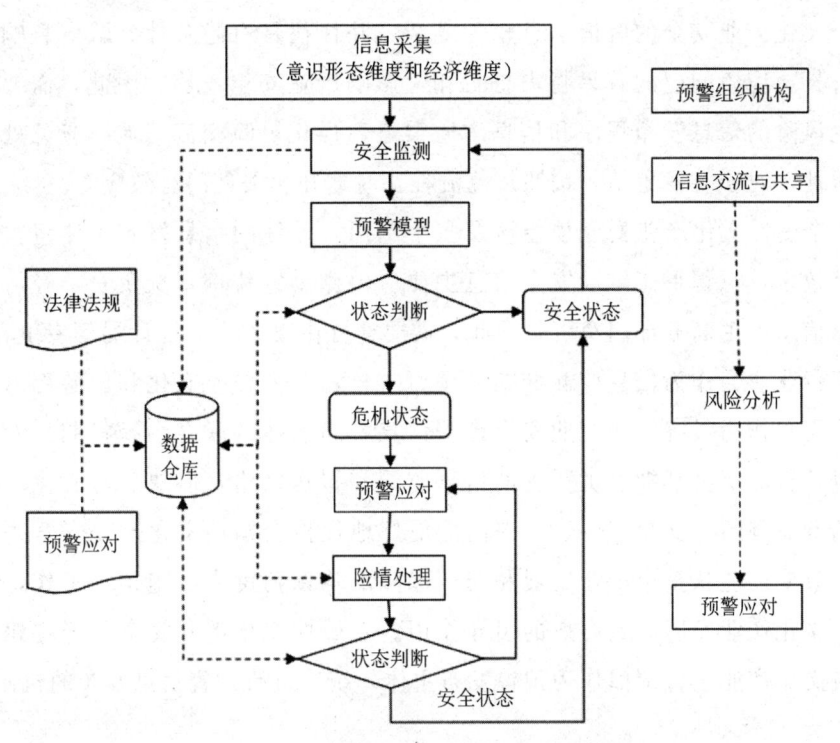

第四节 文化产业安全预警体系运行机制

由于文化产业安全预警的复杂性，文化产业安全预警系统还必须有相应的有效运行机制，包括适当的组织体系、合理的法规框架等。因此，文化产业安全预警体系的实施运行需要建立一套科学的运行机制，主要包括过程运行机制和服务保障机制（见图4—4）。首先，安全预警体系运行是安全风险识别、风险评价、风险对策决策、实施决策、监督评估等一系列风险处理活动的动态过程，需要建立一套安全预警网络运行的过程机制；其次，文化产业安全预警体系的顺利运行，还需要借助体系化的制度安排、组织安排和技术安排，即需要建立服务保障机制。

图4—4 文化产业安全预警体系运行机制

一、过程运行机制

1. 风险信息交流与共享机制

文化产业安全的预警工作需要大量的风险信息,这些信息都由不同部门分别监管,信息资源比较分散,且安全预警各环节之间的信息缺乏有效交流与传递,导致风险信息缺失或得不到充分利用。文化产业安全信息包括意识形态维度和经济维度两个方面的安全信息。因此,需要尽快建立风险信息交流与共享机制,通过完善国家、各省文化产业安全信息监测平台,系统整合、协调分散的信息资源,逐步形成横向联动和纵向共享的工作平台和信息整合平台,实现相关信息资源的共享和有效传递。

同时,规范安全风险信息发布渠道,及时、客观地发布产业安全风险信息。文化产业安全的警情信息较为复杂,并往往具有隐蔽性。若应急响应时间过长,应急响应的效果将大打折扣,影响产业安全发展。因此,需要规范安全风险的信息发布程序和信息沟通渠道,强化风险交流,提高应急处理的及时性。对于突发警情,按照规范流程及时通知相关部门有效应对。

全国性文化产业安全预警涉及多个部门,最终的信息发布主体将关系到预警效率。意识形态维度安全信息主要应由党委宣传部牵头负责,经济维度安全信息可由商务部门负责。因此,需要建立由发改委、统计局等专业部门,甚至行业协会作为信息监测和初步预警主体,并由国家文化和旅游部(文化产业司)作为最终文化产业安全预警信息发布主体的联合预警机制。专业部门以及行业协会都拥有更完善的信息监测和报送网络,但缺乏对文化产业影响的专业判断。文化产业管理部门能更好地把控全国性文化产业安全预警的影响效果,能从整个产业发展和安全保障的均衡角度来实施预警工作,并对国内文化产业发展起到有效的引导作用。省域性文化产业安全预警应建立由省级文化产业主管部门作为预警发布主体,统一进行预警信息发布的机制。

2. 风险分析机制

发达国家在其文化产业安全管理体系中，也都高度重视建立科学的产业安全风险分析评价机制，并依据科学的风险评价结果，对产业发展中的不安全因子实现预警。风险分析主要包括风险评估和风险管理等环节。风险评估是应用科学方法分析文化产业发展中是否存在对产业安全不利的因素，并对其规律、特征、影响范围、时间、程度等进行分析。通过风险管理可使相关政府部门、行业协会、企业等认识到可能发生的风险，进而采取有效的防范措施。

3. 预警应对机制

文化产业安全预警的目的在于面对未来状态，提前发现可能出现的问题及其成因，以便为提前决策和实施提供依据，以实现安全风险的化解。由于产业发展可能面临的风险因素很多，因此，需要根据风险因子科学设计应对措施，分类处置，并借助体系化的安排，及时处置涉及文化产业安全的重大冲突，在产业安全风险发生的第一时间及时采取有效措施，以控制风险扩散和蔓延。针对文化产业安全的相关信息，相关部门可组织行业专家、相关机构制定产业安全应急处置工作方案和操作手册，以提高应急处置质量。在文化产业安全中，不同的管理机构承担着不同的安全职责，应分别采用不同的预警措施、方法和机制。

二、服务保障机制

1. 健全文化产业安全预警组织机构

文化产业安全预警体系的有效运行，必须把每个环节的工作落实到具体机构，主要是那些直接或间接参与文化产业预警体系运行的组织，包括政府机构、行业协会、文化企业，以及相关服务中介机构等。在整个安全预警体系中，政府有着比较大的引导和调控能力，通过履行政府职能，提供公共产品和服务，制定优惠政策等措施影响预警体系的运行。在预警体系运行过程中，可以根据预警指标的不同层次，由各级政府统计部门牵头，其他部门配合，共同负责收集、分析和报告产业发展的相关指标，保证数据信息的真实性。

2. 完善文化产业安全法律法规

文化产业安全预警体系的有效运行还必须依赖有效的法律、法规环境，应建立相关报告制度和监督机制等，以法律、法规形式加以确定，保证其延续性、严肃性和有效性。因此，建立文化产业安全预警体系，单一的手段必然是不够的，必须综合运用法律、经济、市场、行政等手段，保护和优化国家文化产业发展所需的生态环境。在制定我国文化产业安全预警体系的具体保障政策时，应以维护文化企业安全、文化产业安全以及国家经济与文化安全"三位一体"的产业安全预警保障体系为出发点，以国家级（政府预警机构）、产业级（行业协会）和企业级（企业预警部门）等三级监控为主体，制定保障我国文化产业安全预警体系的政策措施。

作为维护文化产业安全的有效手段，政府规制一般都具有预防和应对突发性产业安全事件的能力，也就是对经济活动的事前预防、事中处理以及事后补救能力。维护我国文化产业安全政府规制体系主要涉及《企业并购法》《反垄断法》《国家安全法》等法律、法规的建设与完善，以及强化文化产业政策导向和严格市场准入等，确保在任何时间都可对国家文化产业安全进行有效评估、实时监控、预警和危机处理。并要在文化产业相关法规政策与国际惯例接轨的基础上，利用好世界文化市场规则，积极参与制定世界文化市场规则，为我国文化产业安全发展提供良好的制度环境和国际环境（王建平，2013）。

第五章 文化产业安全影响因素

　　文化产业是文化的重要载体之一，一国文化产业发展的强劲与否直接关系到一个国家的文化安全状态。党的十七大报告明确指出，提升我国文化软实力具有重大战略意义，要坚持社会主义先进文化前进方向，兴起社会主义文化建设的新高潮，这标志着我国对文化产业的重视程度提升到了一个全新高度。国家文化安全得到坚实保障的重要途径，就是要加大资源投入、集中现有力量促进文化产业发展。文化产业的健康、可持续发展，是一个国家（地区）的文化安全的现实基础。文化产业的有力发展不仅可以提高一个国家的文化实力，更会提高一个国家的经济实力（黄旭东，2009）。

　　我国"十三五"规划明确提出，到2020年，要将文化产业发展成为我国国民经济的支柱性产业，切实维护和保障文化产业的安全对于保障国家经济安全和文化安全意义重大。各国的发展经验均表明，文化消费进入快速增长阶段的一个突出标志就是人均GDP超过3000美元。而国家统计局的数据表明，我国在2009年人均GDP已经超过这个数字，我国每年对文化产品和服务的消费增速也达到了10％以上，这说明我国已经进入了文化消费的快速增长阶段。在这个关键的时期，研究如何进一步促进文化产业发展和维护国家文化产业安全，对我国当前乃至未来的文化产业发展方向至关重要。

　　从我国加入WTO以来，我国的文化市场变得越来越开放，直接导致我国文化产业安全威胁也必然越来越大。因此，有必要弄清楚影响我国文化产业安全的具体因素及其影响程度。本部分在对文化产业安全影响因素进行深入理论分析的基础上，尝试从文化贸易视角出发，采用定性分析与定量分析相结合的方法，将文化贸易对文化产业安全的影响进行实证检验，为文化产业安全影响因素研究提供经验证据。

第一节 文献综述与理论模型

一、文献综述

1. 文化产业安全的定义

国内对文化产业安全最先进行研究的是林宏宇（1999），他认为文化安全是一个国家安全的重要部分。胡惠林（2000）的研究表明，国家利益始终是市场经济的最高原则，因此，在全球化进程中，对文化产业发展战略的制定应当以国家利益为出发点和根本落脚点。只有以国家利益为根本出发点和落脚点制定的文化产业发展战略，才能保障一国文化产业的安全。于萍（2002）认为，我国自加入WTO以来，我国文化产业安全的主要影响因素来自四个方面，即外来文化资本、文化殖民主义、信息网络化以及外来文化产品。这四个方面对我国文化产业的安全均带来了不同程度的威胁和冲击。李金齐（2006）的研究认为，文化安全是一种状态，即在这种状态下，文化生存系统能够安全运行、文化产业得到持续发展以及文化利益不受威胁，这种状态是对文化成果和文化主体的理解保护。赵建华（2007）的研究则认为意识形态与价值观的安全才是文化安全的核心所在。在文化安全的状态下，一国的政治制度和意识形态不受干预，一国人民的文化生活也不会受到干扰和控制，从而保持一国公民价值观和生活方式的独立性和自主性，保证一国的文化不受威胁和侵犯。黄旭东（2009）的研究表明，发展文化产业是维护国家文化产业安全的经济基础，而文化产业发展的关键是要积极推进文化产业规模的有效扩容，正确处理文化产业事业化与市场化之间的关系，并严格明确文化市场进入的安全警戒红线。王耀中和彭新宇（2011）的研究则从文化产业意识形态功能和经济功能出发，对文化产业安全概念内涵进行了界定，认为文化产业安全是一种基于文化安全的发展状态。

2. 产业安全影响因素

关于产业安全受哪些因素的影响，大量学者从不同的角度进行解释。Porter（1990）认为，如果一个产业的生产率低于国外竞争者，那么，该产业安全受到的威胁就会变大。马建会（2002）的研究分析总结了产业安全的8个主要影响因素，分别是产业生产要素、市场需求、市场集中度、国际竞争力、跨国公司发展战略与东道国产业吻合度、产业金融环境、产业进入壁垒以及产业控制力。祝年贵（2003）的研究认为，外商直接投资的增加会明显地威胁我国的产业安全，这种威胁通过品牌、市场和技术三个层面渗入。卢新德（2004）的研究分析了跨国公司对我国产业安全的影响，认为跨国公司为迎合本地市场需求而采取的本土化战略，尽管在一定程度上也会促进对我国产业的发展，但高额的垄断利润仍是跨国公司的根本目的和主要追求，这将对我国企业的生存和发展产生较为严重的负面影响，进而对我国产业的安全造成持久的和巨大的威胁。单春红、曹艳乔（2007）建立了外资溢出效应模型深入分析了外资进入对我国产业安全的影响，在此基础上，利用1998—2005年的数据进行了实证检验。检验结果表明，我国外资利用的产业和地区不均衡对我国产业的发展产生了明显的负面影响，威胁了我国文化产业的安全。李炳炎和唐思航（2008）研究了外资并购行为对我国产业安全的影响，认为我国应当防止外资的过度并购，并针对制定产业政策、审批外资并购流程、维护民族品牌和提升产业竞争力等方面提出了政策建议。何维达等（2008）基于我国加入WTO这一背景，全面分析了影响我国产业安全的因素。研究认为，影响我国产业安全的因素是多方面的，具体包括关税调整政策、配额取消制度、投资环境与政策的变化、扭曲的产业政策、市场集中度的下降和行业规模的不经济等。齐兰（2009）基于垄断资本全球化这一现象，深入分析了跨国公司对我国产业发展的影响。认为从总体上来看，跨国公司对我国产业发展的正面影响大于负面影响，但是负面影响会伴随着跨国公司在我国全球战略的实现而逐渐增强，进而对我国产业安全带来较大的威胁。国家发改委宏观经济课题组（2009）在详细分析了国内外宏观经济形势后，指出在开放的背景下，外贸环境、跨国并购程度、国际产业分工与转移和国内产业竞争力大小等是影响我国产业安全的重要因素。蒋昭乙（2009）实证研究了研发与外商直接投资对我国产业安全的影响，实证结果表明随着外商直接投资的增加和投资方式的改变，国际垂直的专业化生产模式会对我国产业安全造成威胁和危害。

3. 文化产业安全影响因素

部分学者对文化产业具体行业的安全影响因素进行了深入研究。有学者认为，文化产业安全的威胁主要有文化殖民主义、信息网络化（于萍，2002）、文化产业对外开放（欧阳有旺等，2010）、跨国公司直接投资（A. Bevan等，2004）、产品结构不合理等。王元京（2007）指出，在全球化过程中，维护国家文化体系安全包括文化的主权、内容、生态、技术以及文化遗产资源等要素。廖倩（2102）结合我国17个省的文化产业增加值数据，通过VAR模型将文化产业安全影响因素归结为内部因素，如文化产业产值、资本投入、文化消费、文化产业专业就业人员等因素。李毅等（2012）立足于国家文化产业安全这一角度，研究了我国经济开放对国家文化安全的影响及我国文化产业结构问题，利用世界市场份额等七项指标构建产业安全指标体系。研究认为，从2002年开始，我国文化产业开始进入快速发展阶段，产业国际竞争力不断增强，对外依存度稍有上升但幅度不大，文化产业结构较为合理。总的来看，我国文化产业变得更加安全。文红、袁尧清（2014）分析了我国区域旅游产业安全的影响因素，认为产业政策、产业结构和旅游管理危机等因素是决定我国区域旅游产业安全的主要因素。佟东（2015）基于产业安全理论，深入阐述了我国文化产业结构安全的内涵，并对我国文化产业结构安全的现状做了分析，总结出文化产业结构安全会通过产业结构比例、产业结构政策和产业国际竞争力三方面作用于文化产业安全。徐运红等（2015）分析了河北省在旅游产业结构方面存在的不安全因素，包括大众化的旅行产品较多，而品牌产品较少；观光性的产品较多，而用于度假休闲的产品较少；旅游区域结构的北"热"南"凉"格局没有根本改变，北部、中部、南部良性互动不足；资源的开发利用不够，尤其在国际的旅游市场上，国际旅游目的地数量比较少，入境游客的停留时间较短，入境游客的消费水平普遍偏低。

综上所述，已经有大量学者对产业安全以及文化产业安全相关问题进行了深入研究，但是，多数文献对于文化产业安全的研究只是基于思想意识层面的定性分析，缺乏基于经济数据的定量研究。因此，本书在总结现有相关研究的基础上，尝试从文化贸易的角度定量评价我国文化产业安全的影响状况。

二、理论模型构建

1. 研究假设

(1) 市场集中度对文化产业安全的影响

市场集中度在一定程度上反映了一国企业对市场的控制力强度。也就是说，市场集中度越高，一国的企业对市场的控制力越强，一国的产业就越安全。反之控制力越弱，产业越不安全（孙瑞华，2005）。市场集中度也是反映市场竞争状况的有效指标。若一个产业的市场集中度比较高，则说明该产业里存在垄断性的企业。反之，若一个产业的市场集中度比较适中，表明该产业的市场竞争力较大。一个产业的市场集中程度对该产业安全的影响体现在两个方面：一方面，一个产业的集中度越高，说明政府对产业的控制力越强，政府对该产业的管理越高效。政府可以根据产业中存在的具体问题制定相关的政策方案，推进相关政策的贯彻落实，而且还可以进行资源调配实现大规模的生产，进而促进该产业的发展壮大，有利于产业安全度的增加。另一方面，一个产业的集中度越高，说明该产业内部存在垄断性企业，也就是说，该产业的资源配置未达到最优，这样会造成资源的浪费，不利于实现规模生产，不利于该产业的持续发展，也不利于维护该产业的安全。但在文化产业来说，具有一定的特殊性。因为文化产业会影响人们的思想观念、价值观。文化产业下的影视制作、出版发行等大众传媒的行业会大范围地对消费者造成影响，且这种影响大小和范围难以准确地估计和控制。因此，对于文化产业而言，产业的集中度越高，则越有利于政府对本民族的思想和价值观进行监控，产业的安全度也越高。

(2) 国家政策性壁垒对文化产业安全的影响

国家针对某个行业设定政策性壁垒，是为了保护本国的传统民族产业与国家经济安全，政策性壁垒包括审批政策、限制进入政策等。政策性壁垒并不是一成不变的。同一个国家，在不同的时期，所设立的行政壁垒也可能有较大差异。随着中国进入WTO，市场开放度不断增加，国家设立的政策性壁垒高度也在逐步下降，使得进入某一行业变得更加容易，这一方面会促进我国产业规模的发展壮大，另一方面也不可避免地对产业安全产生影响。

对于文化产业而言，国家通过设定政策性壁垒，如产业的标准、条例或规范，约束产业内企业的行为，提高了对新进入者的要求，新进入者必须满足国家规定的条件、经营业务活动范围和经营内容，才能进入该行业，间接地提高了产业的安全度。此外，对于成功进入该行业的企业，因为其满足了国家高要求的政策性壁垒，因此，这类企业进入行业后的经济活动所带来的正面效应也会高于一般性的企业，有助于提高文化产业安全度。如前文所述，文化产业是一个传播力与影响力巨大的特殊行业，政府也难以对其影响力进行监控。因此，我国对于文化产业这个行业的管制非常严格，通过对其进行严格管制，有助于提高我国信息传播的有效性和可靠性，有利于维护文化产业安全。

(3) 行业的规模经济对文化产业安全的影响

行业的规模经济能在一定程度上反映该行业的进入壁垒难易程度（宋铁波、钟槟，2012）。文化产业的规模经济越大，一方面，说明单位文化产品生产所需要的生产成本越少，对于文化企业而言，其利润越高。企业的收益越大，说明企业越有活力，在市场上的竞争力越大。另一方面，单位文化产品的成本越小，单位文化产品的价格也就越低，就越有利于提高其文化产品的市场占有率，同时增强和加速产品市场竞争力。这样看来，文化产业规模可同步提升文化产品和文化企业的市场竞争力，进而提高文化产业的安全度。

(4) 文化产业结构对文化产业安全的影响

在开放经济的条件下，一国的产业结构安全是指该国的各产业处于一种相互调整适应、相互协调发展、相互促进以实现可持续增长的状态。支柱性产业与战略性产业的国际竞争力比较大，由本国的资本控制。与此同时，该国的产业结构可以不依赖于国外的产业转移而自动实现产业升级并能够抵抗外界因素的不利冲击。相应地，文化产业结构安全指的是文化产业内部各部分之间能够形成一种相互调整适应、相互协调发展和持续增长的状态，且其支柱性和战略性的部门由内资进行控制，不需要借助国外产业转移即可自行完成自身的产业结构升级。随着科学技术的逐步发展壮大，文化产业也由传统的文化艺术产业转向极具创意、与高新科技高度融合的新型文化产业模式转变（田蕾，2013）。此外，文化产业结构安全还受到了文化产品的供给、社会消费的需求结构、文化产品的国际化程度等因素的影响。

（5）文化市场对文化产业安全的影响

文化市场对文化产业安全的作用主要体现在三个方面：第一，市场越大，投资需求越大，消费需求越多，企业发展越有动力；第二，根据市场需求理论，文化产品的供需由文化产品的价格决定。因此，调控文化产品的价格，通过市场供需的变动，从而实现资源的优化配置；第三，市场越大，企业面临的竞争越大，企业为了生存和发展，不得不进行文化产品的多样化生产，以期提高企业在市场上的竞争力（李昕烨、罗紫初，2016）。因此，从上述三个方面可以看出，市场越大，越能促进文化产业的完善、成熟和发展，反之，则会产生反向作用力，阻碍文化产业发展并威胁文化产业安全。当今世界，文化产业已成为跨国资本输出与本国资本积累的平台，文化市场也已经成为逐利的场所。而这一切也要得益于信息技术的发展，由于科技信息技术的突飞猛进，资本和技术得以在文化市场逐利。国际政治格局的变化与权力运作的频繁，使得文化市场被高度开发，增加了市场的竞争。这种竞争不仅是文化层面的竞争，还是经济和技术层面的较量。跨国资本进入文化市场的目的，一是对文化产品与服务有一定的需求，二是对文化产业进行跨国投资。第一个目的即对我国文化产品的需求在一定程度上可以带动文化产业的发展。然而，第二个目的即以投资形式进入的跨国资本往往意味着雄厚的资本、高科技的技术、高层次的人才以及多样化形式与内容的文化产品的进入，将使得跨国公司产品在本国的文化市场中具有强劲的竞争力，对本国的文化产品造成了挤出和打压，威胁了我国文化产业的安全。

（6）文化贸易对文化产业安全的影响

文化贸易分为两个方面，一方面是本国文化产品或服务的输出，另一方面是国外文化产品或服务的输入。本国文化的输出，提高了本国文化产品或服务的国际市场占有率，有利于提高本国文化的国际影响力和控制力，进而提升本国文化产业的国际竞争力。众所周知，我国传统文化具有5000年源远流长的历史，博大精深，为我国文化产品（服务）打开国际市场提供了坚实基础。近年来，我国加大对文化产业的资源投入，积极鼓励文化产品（服务）输出，将有助于提升我国文化产业国际竞争力和国际市场份额，以切实维护我国文化产业安全。而国外文化的输入，不仅会争夺我国本土文化产品（服务）的市场份额，阻碍我国文化企业的发展和壮大，而且还会以文化产品（服务）为载体，将西方的各种价值观输入我国，不断冲击和严重危害我国原有的传统文化和主流核心价值观念。

由此，本书得出如下假设：

H1：市场集中度的提高对我国文化产业安全有正向影响。

H2：国家的行政壁垒高度对我国文化产业安全有正向影响。

H3：行业的规模经济对我国文化产业安全有正向影响。

H4：文化产业结构的发达程度与我国文化产业安全呈正相关关系。

H5：文化市场与我国文化产业安全呈负相关关系。

H6：文化贸易对我国文化产业安全的作用方向不能确定，取决于本国文化输出和国外文化输入的合力。

由上述理论分析可知，我国文化产业安全度的大小主要受到市场集中度、国家的政策性壁垒、行业的规模经济、文化产业结构、文化市场规模和文化贸易六个因素的影响。各因素对我国文化产业安全的影响方向和作用力度不尽相同。其中，市场集中度、国家的行政壁垒、行业的规模经济、文化产业结构和文化市场这五个因素对我国文化产业安全有促进作用，然而，由于文化贸易分为本国文化输出和国外文化输入，所以文化贸易对我国文化产业安全的影响方向不能直接确定，因此，本部分将通过实证分析对文化产业与我国文化产业安全的关系进行检验。

2. 框架模型

结合实际和数据的可得性，本书构建如下文化产业安全影响因素框架模型：

$IC = \alpha \times$ 产业世界市场份额 $+ \beta \times$ 产业国内市场份额 $+ \gamma \times$ 贸易竞争力指数 $+ \delta \times$ 显性比较优势指数

$ED = \chi \times$ 产业出口依存度 $+ \psi \times$ 出口国别依存度 $+ \eta \times$ 产业资本对外依存度

$(\alpha + \beta + \gamma + \delta = 1 \quad \chi + \psi + \eta = 1 \quad S = IC - ED)$

第二节 测度方法与实证分析

一、测度方法

关于我国产业评价指标体系的研究，以下文献比较具有代表性。何维达、何昌（2002）构建了包括产业国际竞争力、产业对外依存度和产业控制力这三个方面的产业安全评价指标体系，对我国农业、工业和服务业三大产业的产业安全度进行了测度，测度结果表明我国农业、工业和服务业三大产业总体呈基本安全状态。景玉琴（2006）基于产业国内环境评价、产业竞争力评价、产业控制力评价三个方面，构建了政府行政能力、金融环境、产业软环境、生产要素环境、产业结构、市场需求、产业绩效、外资产业控制、外资国别集中度等九个影响因子，综合全面地考察了产业安全的状况。李毅等（2012）从文化产业国际竞争力和对外依存度两个维度构建的文化产业安全评价体系，经过实证研究表明，我国文化产业整体态势正向着安全方向发展。

评分法也是目前广泛使用的一种方法。评分法的操作步骤：首先，对问题进行深入思考，选取可以代表问题主要方面的一级指标和二级指标，并给这些指标赋予相应的权重；其次，对每个一级指标下面的二级指标进行定性或定量的分析，根据分析结果将各二级指标的评价结果分为很好、比较好、一般、比较差和很差五种情况，对这五种情况分别给出相应的百分制得分；再次，把相应的百分制得分与各二级指标初始权重相乘再求和，从而得到各一级指标分值；最后，把各一级指标分值与其初始权重依次相乘再求和，最终得的数值就是所要求得的产业安全值。这种方法可以将不同的指标根据重要性赋予不同的权重，现有研究普遍采用德尔菲法计算各层指标所占的权重，德尔菲法即选择若干行业专家并对其发出指标权重调查表，根据专家的意见，得到文化产业安全的各指标权重。本书认为该方法的成本和随机性都比较大，所得到的权重也不具有科学性和权威性。

如上文框架模型所示，本书选取文化产业国际竞争力（International Competitiveness，IC）和文化产业对外依存度（External Dependence，ED）两大指标，构建文化产业安全评价体系（见表5—1）。随着文化产业国际竞争力的提高，文化产业安全度不断增加，而随着文化产业对外依存度的提高，文化产业安全度不断下降。因此，文化产业安全度（S）可以简化表示为两者之差。本书的数据均来源于联合国贸易与发展会议（UNCTAD）网站、世界银行网站以及中华人民共和国国家统计局国际统计数据。

表5—1 文化产业安全评价指标

指标	一级指标	二级指标	变量
文化产业安全度	国际竞争力	产业世界市场份额	产业出口总额占世界此产业出口总额的比重
		产业国内市场份额	产业国内市场销售额占国内市场该产业产品销售额的比重
		贸易竞争力指数	产业出口额与进口额之差与进出口贸易之和的比重
		显性比较优势指数	产业出口占该国出口总值的份额与世界该产业出口占世界出口总值的比重
	对外依存度	产品出口依存度	产业出口总额占GDP的比重
		出口国别依存度	产业主要出口国的出口额占该产业总出口额的比重
		产业资本对外依存度	国际收支中长期资本流动总额占GDP的比重

根据表5—1的文化产业安全评价体系，我们选取2009—2013年的数据，测度我国文化产业的国际竞争力和对外依存度的数值，并且利用式（1）计算

了我国文化产业2009—2013年安全度的数值[①]（见表5-2）。

表5-2 我国文化产业安全测度结果

年份	2009	2010	2011	2012	2013
IC	100	111	132	166	194
ED	100	103	116	137	141
S	0	8	16	29	53

由表5-2可见，2009—2013年，我国综合实力不断增强，文化产业的国际竞争力和对外依存度也在不断提高，并在2013年都达到了较高的水平。为了更加直观地显示我国文化产业安全度的变化趋势，我们将计算结果用图表现出来（见图5-1）。

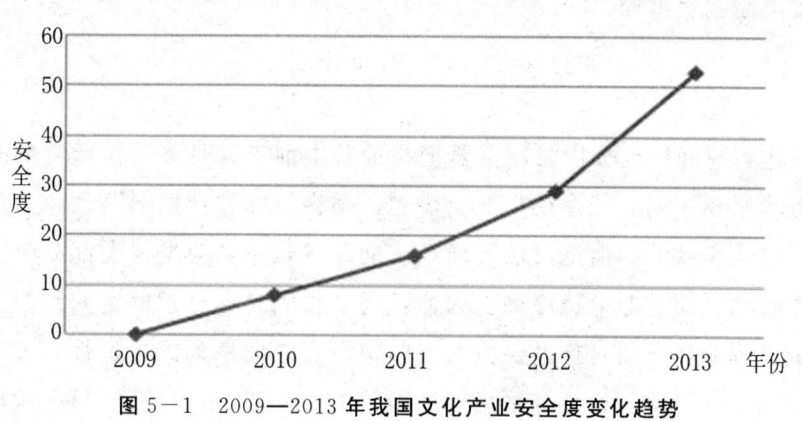

图5-1 2009—2013年我国文化产业安全度变化趋势

二、实证检验

1. 模型设定

本书构建如下模型解释文化产业安全的影响因素：

---

① 由于篇幅限制，详细的计算过程未在文章中列出，感兴趣的读者可向作者索取。

$$Lns = \omega LnX + \mu$$

其中：S 表示产业安全度；X 为解释变量；μ 为随机误差项。

2. 变量说明

（1）被解释变量

被解释变量即我国文化产业的安全度（S），其度量方法如本部分一所述，根据构建的产业安全评价指标体系，本书度量了 2001—2013 年我国文化产业的安全度，作为该模型的被解释变量。

（2）解释变量

本书选取文化贸易额作为解释变量。为了数据可获得性，这里采用核心文化商品（服务）进出口总额来描述我国文化贸易额。数据来源于联合国统计司商品贸易数据库。

3. 平稳性检验和协整检验

在进行时间序列分析时，需要把握的基本前提就是要确保所有的时间序列必须是平稳序列。若存在非平稳序列，则会导致"伪回归"现象，使得回归结果失去有效性。但是，在处理经济问题过程中，会发现大部分时间序列不是平稳的，而是非平稳序列。因此，为了得到科学合理的回归结果，在进行时间序列分析之前，首先要检验回归中所有时间序列的平稳性，即先对变量进行平稳性检验。本部分采用两种检验方法，即 PP 检验和 ADF 检验，其中的差分滞后阶数均由赤池信息准则（AIC）确定。平稳性检验结果如表 5—3 所示。

表 5—3 变量的平稳性检验结果

	水平序列值 PP	水平序列值 ADF	一阶差分序列值 PP	一阶差分序列值 ADF	结论
LnS	4.924(1.000)	9.781(1.000)	−3.349***(0.000)	−4.484***(0.000)	I(1)
LnTrade	2.136(0.984)	10.142(1.000)	−7.992***(0.000)	−2.471***(0.007)	I(1)

注：I(n)表示序列经 n 阶差分后平稳，括号内数字为相应 P 值，＊＊＊表示在 1% 的显著性水平下拒绝存在单位根的原假设。

如表 5-3 所示，在 1% 的显著性水平下，LnS 和 LnTrade 都是非平稳的序列，但是经过一阶差分后，则都是平稳的序列，平稳性检验的结果说明 LnS 和 LnTrade 这两个时间序列变量都是一阶单整序列。

如果两个及以上的变量序列都是非平稳序列，可将它们进行线性组合，得到的新变量序列就是平稳序列，那么，则称上述变量序列之间存在协整关系。协整关系可以反映若干非平稳变量序列之间的长期稳定的关系。对该协整关系的分析即协整分析。本书中，LnS 和 LnTrade 均是一阶单整序列。故应用协整分析来判断分析它们之间是否具有长期稳定的关系，并确定相关符号大小和方向。常见的协整分析方法有 Johansen 极大似然值法和 E-G 两步法。E-G 两步法要求样本容量必须足够大，否则最终的参数估计量就会有偏差，而且样本容量越小，参数估计量偏差就会有越大的趋势。鉴于本书的样本容量不够大，若使用 E-G 两步法，最终得到的参数估计量将是有偏差的，因此，本书采取极大似然值法对变量进行协整检验。具体检验结果（见表 5-4）。

表 5-4 协整检验结果

原假设：方程个数	特征值	统计量	5%临界值
None*	0.8064	30.9673	28.1942
Atmost 1	0.3358	8.2728	14.3715

注：* 表示在 5% 的显著性水平上拒绝原假设。

在 5% 的置信水平下，协整分析结果表明，我国文化产业对外开放度与文化产业安全这两个非平稳变量序列之间存在长期稳定的均衡关系。由此可得到文化产业开放度与文化产业安全之间的协整方程：LnS = 2.396LnTrade。这表明，从长期来看，我国文化贸易对文化产业的安全具有促进作用。文化贸易规模每增加 1 个百分点，文化产业安全度将提升 2.396 个百分点。

4. 回归结果分析

根据前述的协整分析结果，文化产业对外开放度与文化产业安全这两个变量之间存在长期稳定的均衡关系，因此可以直接用 OLS 方法进行回归分析。具体回归结果如表5-5所示。

表5-5　OLS回归结果

自变量	系数	标准差	t值	p值
C	−2.158	0.173	−12.474	0.000
LnTrade	0.326	0.038	8.579	0.000
$R^2=0.843$			Adjusted $R^2=0.812$	

由表5-5，我们可以得到如下回归方程：

$$LnS=-2.158+0.326LnTrade$$

由表5-5可知，常数项和解释变量的t值均通过了显著性检验，且在1%的显著性水平上显著。模型的判定系数R＝0.843，表明该模型的拟合优度较高，模型的解释较强。由此，可以得到结论：我国文化贸易额对文化产业的安全具有推动作用，即文化贸易额每提升1个百分点，就会使文化产业安全度提高0.326个百分点。

三、结果讨论

实证结果表明，文化贸易额与文化产业安全之间呈显著的正相关关系。文化贸易包括本国文化输出和外国文化输入两个部分，文化贸易分别通过对这两个部分作用于文化产业安全。

一方面，本国文化输出增加，可提高本国文化产品和服务的国际市场份额，并提升本国文化产品和服务的国际影响力，进而提升本国文化产业的安全度。

另一方面，外国文化输入会与我国的文化企业争夺我国的文化市场和文化资源，并将西方的价值观通过文化产品的形式在我国进行传播，对我国文化产业构成了威胁，对我国文化产业的安全造成了非常大的影响。文化贸易对文化产业安全的作用机理如图5-2所示。

文化贸易额对文化产业安全的影响为正向，说明文化贸易额的增加对我

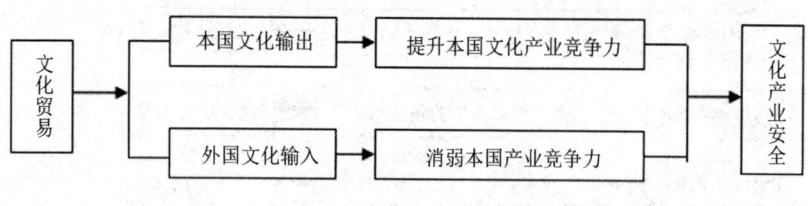

图 5—2　文化贸易对文化产业安全的作用机理

国文化产业安全具有促进作用。原因可能是近年来我国文化产品和服务的逆差在逐渐缩小。首先，随着我国综合国力的不断提高，以及世界对中国文化的兴趣日益浓厚，国际市场对我国文化产品和服务的需求将不断增加；其次，近年来我国文化产业飞速发展，我国文化产品的质量和数量都有了较大的提升，我国文化产品的国际市场份额和国际竞争力都有大幅的提高，使得我国文化产品的输出速度进一步加快；最后，面对外国文化产品的强势输入，我国的企业必须提升企业竞争力，完善企业文化产品，才能在竞争日益激烈的市场上拥有一席之地，这就迫使我国文化企业加快自身转型发展，进一步提升我国文化企业的国际竞争力和整体实力。

综上分析表明，我国文化产业安全主要受到市场集中度、国家的行政壁垒、行业的规模经济、文化产业结构、文化市场和文化贸易六大因素的影响，且市场集中度、国家的行政壁垒、行业的规模经济、文化产业结构、文化市场和我国文化产业安全呈正相关关系，文化贸易对我国文化产业安全的影响则无法确定（见图 5—3）。

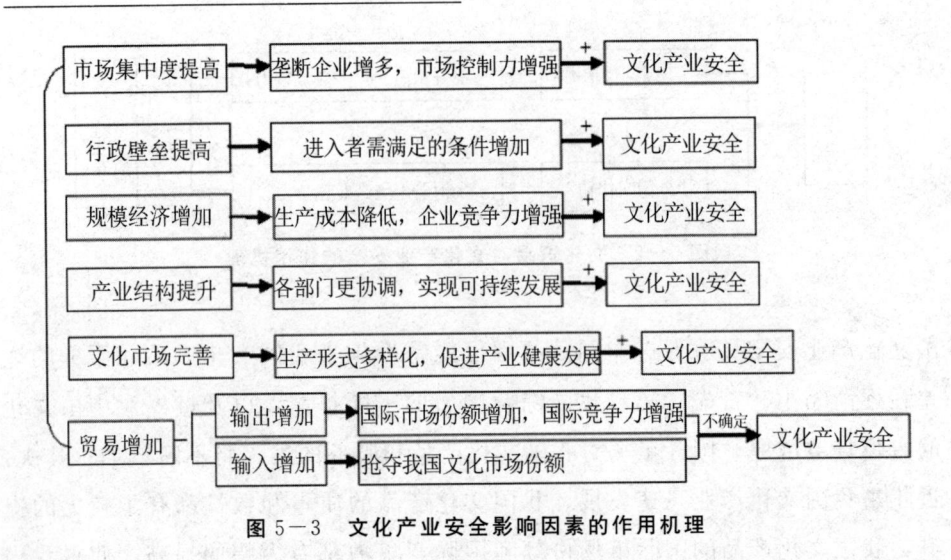

```
┌─ 市场集中度提高 → 垄断企业增多，市场控制力增强 →+ 文化产业安全
├─ 行政壁垒提高 → 进入者需满足的条件增加 →+ 文化产业安全
├─ 规模经济增加 → 生产成本降低，企业竞争力增强 →+ 文化产业安全
├─ 产业结构提升 → 各部门更协调，实现可持续发展 →+ 文化产业安全
├─ 文化市场完善 → 生产形式多样化，促进产业健康发展 →+ 文化产业安全
└─ 贸易增加 ┬ 输出增加 → 国际市场份额增加，国际竞争力增强 ┐ 不确定
            └ 输入增加 → 抢夺我国文化市场份额              ┘ → 文化产业安全
```

图 5－3　文化产业安全影响因素的作用机理

进一步实证检验表明，2009—2013 年我国文化产业安全度不断提升。表明伴随着我国综合国力的提升，我国的文化产业正在迅速崛起，抵抗外来文化入侵的实力逐渐增强；我国文化贸易额与文化产业安全这两个变量序列之间存在着长期稳定的均衡关系。长期来看，我国文化贸易额对文化产业安全具有显著地正向影响。

第六章 我国文化产业安全预警评价体系

构建我国文化产业安全预警体系首要前提是对文化产业安全状态进行评价。科学合理的文化产业安全体系，将有助于对我国文化产业安全进行适时、动态地监控和预警。建立文化产业安全评价体系，主要包括产业安全预警评价指标体系构建和评价方法选择两个部分。

第一节 评价指标体系构建的理论依据与基本原则

一、理论依据

1. 产业安全的基本内涵

产业安全范畴是一个基于国内市场与国际市场的动态演变过程（李成强，2008）。1791年汉密尔顿（Hamilton）就提出最早的产业安全（保护贸易）思想。一般层面的产业安全，主要是指特定区域内自主产业的生存、发展不受威胁和侵害的状态（李孟刚，2010）。产业安全具体内涵虽尚未形成统一认识，但其基本内涵框架已大体一致，主要集中在产业控制力、产业竞争力、产业发展环境、对外依存度等方面（李孟刚，2006）。因此，在评价文化产业安全时必须综合考虑文化产业竞争力、文化产业控制力、文化产业发展环境等多方面因素。

2. 文化产业的特殊属性

与其他一般产业相比，文化产业是一种特殊的经济形态和文化形态，其具有多重属性，主要表现在经济性、政治性、社会性、文化性和意识形态属性等五个方面（胡惠林，2015），但最核心的是其具有双重属性，即经济属性和意识形态属性。符合国家主流意识形态的文化产业对意识形态安全维护具有正效应，反之则有负效应。必须防止去意识形态化和意识形态泛化两种错误观念（吴佩芬，2011）。文化产业的特殊属性决定了其安全评价必须兼顾经济效益安全和社会效益安全两个维度，而且，社会效益安全是基础，必须处于首要位置。社会效益安全与经济效益安全相互促进、相互影响。文化企业应将社会效益放在首位，实现社会效益和经济效益的最佳结合（谢巍等，2014）。因此，文化产业安全评价必须兼顾社会效益维度安全和经济维度安全。

3. 文化产业的内涵与分类

文化产业概念自阿多诺（Adorno）、霍克海默（Hockheimer）（1947）首次提出以来，学界对其内涵至今尚未形成一致认识，并出现不同的概念表述，如创意产业（英国），文化产业（美国、中国等），内容产业或版权产业（欧盟），娱乐观光业（日本）。另外由于各国文化以及产业政策制定的战略和导向不同（熊澄宇、傅琰，2012），在文化产业具体涵盖的细分行业（产业）问题上，各个国家没有形成统一的分类标准。尽管文化产业内涵定义和范围界定存有争议，但文化产业内涵范围的总体框架已形成较大共识，即文化产业作为一个产业门类，其在实现形式上表现为由多个细分产业构成的产业集群。根据我国现行的《文化及相关产业分类》（2018）标准，我国文化产业总体涵盖4个方面9个大类，主要包括新闻信息服务、内容创作生产、创意设计服务、文化传播渠道、文化投资运营、文化娱乐休闲服务、文化辅助生产和中介服务、文化装备生产、文化消费终端生产等。由此可见，文化产业涵盖的细分行业门类众多，且各个细分行业都有一定差异。另外，随着我国文化产业的不断发展，新兴文化业态的不断涌现，文化产业涵盖范围还将不断发展和变化。因此，文化产业安全评价必须具体到细分行业，仅从整个文化产业层面进行安全评价，其评价结论必将因为过于宽泛而缺乏实际意义。

二、指标体系构建的基本原则

1. 宏观评价和微观评价结合原则

文化产业安全评价体系构建可从宏观和微观两个层次考虑。在宏观层次，就是要确定产业安全预警风险等级，以对一定时空内的产业发展趋势和安全态势进行总体把握。在微观层次，就是通过产业安全具体指标来反映具体的安全状况。

2. 整体性评价与关键点评价结合原则

文化产业安全体系复杂，涉及面广，既有文化产业市场安全，又有文化产业的内容安全；既涉及经济安全，又涉及意识形态安全，且其安全有一定的滞后性和隐蔽性。因此文化产业安全评价必须坚持整体性（面上）评价与关键指标（点上）评价结合，既要反映一般性的文化产业安全态势，又要密切关注文化产业相关关键领域的安全状况。

3. 科学性与可操作性结合原则

文化产业安全评价必须坚持科学方法，所设计的评价指标体系和评价方法必须切合文化产业实际和特点，针对性强；既要考虑指标的覆盖度，同时考虑指标简练，重点选取一些关键指标。要注意定量与定性结合、状态性指标与过程性指标结合，特别还要设计能够及时监测、发现趋势性、苗头性问题的评价指标。同时又要考虑相关指标数据、信息的可获得性，确保评价指标和评价方法具有可操作性。

第二节 评价指标体系设计

根据上述原则和相关理论，本书提出文化产业安全评价指标体系的三维框架模型（ESS 模型，见图 6－1）。文化产业安全评价指标体系包括社会效益安全（Social Results Security）维度评价指标体系和经济效益安全（Economic Results Security）维度评价指标体系，同时各评价指标必须具体到各个细分行业（Subdivision industry），如新闻出版、广播影视、广告会展等。

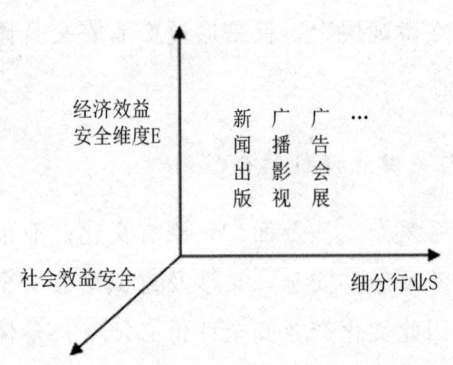

图 6－1　文化产业安全评价的三维框架（SES 模型）

一、社会效益安全维度评价指标体系

文化产业的意识形态属性决定了发展文化产业首先必须注重其社会效益（吴佩芬，2011）。意识形态安全主要是指国家占统治地位的思想、政治意识形态不受侵害，并能稳定存在和健康发展（臧传军、刘昕霞，2013）。文化产品本质上是一种精神产品。在全球化背景下，文化产品传播已是一种普遍趋势。文化产业是主流意识形态实现大众化传播的重要载体，其实质上是意识形态产业化的重要实现形式和主要手段。文化产业的意识形态属性，主要通过文化产品隐含的意识形态属性影响和改变文化消费者的世界观和价值观，这种影响可能是消极的，也可能是积极的（揭晓，2015）。国内传播的西方发

达国家的文化产品，包括国内生产但被国外资本实际控制的文化产品，在获取经济利益的同时，还试图占据主导地位，将其西方价值观传播到中国，甚至试图使其成为核心价值观，这必将给国家意识形态安全带来威胁。从这个视角来看，文化产业安全首先就表现在意识形态安全上（孙祥军、李凡，2016）。因此，必须审视文化产业的社会效益维度安全。具体包括主流意识形态安全、核心价值观念安全、中国民族传统文化安全等三个方面，共计12个关键指标（Key Index，KI）（见表6-1）。

表6-1 基于社会效益维度的文化产业安全评价指标

一级指标	二级指标	指标定义、测度及说明
主流意识形态安全（X1）	1. 文化产品的政治导向（X11）	本产业的文化产品中有无违背主流意识形态或其他污秽内容
	2. 文化产业政策的意识形态导向（X12）	本产业领域内是否颁布实施国家意识形态导向的产业政策与法律法规，能否有效规避、抑制国外文化产品对意识形态的侵蚀
	3. 国家文化主权保障（X13）	本产业领域的文化主权是否得到有效保障，或受损；是否具有一定的话语权
	4. 国内意识形态环境（X14）	意识形态领域的新变化、新要求等对本产业安全产生的影响
核心价值观念安全（X2）	5. 国家主流价值观导向（X21）	本产业的文化产品积极宣传、弘扬社会主义核心价值观的内容占比
	6. 国外主流价值观导向（X22）	本产业的文化产品中大力宣传西方国家主流价值观内容的比重
	7. 文化产品的社会影响（X23）	本产业中有违背社会主义核心价值或其他低俗、负面的内容，给社会带来负面影响产品的比重
	8. 文化生产者的社会责任（X24）	本产业产品的主要生产者的社会责任感
中国民族传统文化安全（X3）	9. 语言文字安全（X31）	本产业的文化产品中使用国外语言、文字的比重；或本国语言占整体内容的比重
	10. 中国民族文化传播（X32）	本产业中体现文化自觉、中国民族文化、有国际竞争力的产品的国际市场份额
	11. 社会生活方式与风俗民俗（X33）	本产业的文化产品对社会生活方式与风俗民俗改变程度
	12. 文化认同（X34）	本产业的文化产品对国民文化认同的影响程度。

注：在对具体细分产业实际评价时，需结合细分产业特点对本指标进行适当调整。

1. 主流意识形态安全

主流意识形态安全是国家文化安全的支柱和核心内容。文化产业发展与主流意识形态安全有密切联系（黄旭东，2009）。文化产业是主流意识形态大众化传播的主要手段和载体，文化产业能够塑造或改变大众的价值观。文化产业的现代化程度，直接关系到主流意识形态建设。文化产业传播的不仅是文化产品本身，更重要的是传递其承载的意义和价值（揭晓，2015）。在全球化背景下，西方国家把文化产品传播作为文化软实力的重要组成，通过文化产品传播西方社会思潮、西方社会价值观，影响其他国家主流意识形态（孙祥军、李凡，2016）。而且，文化产业使主流意识形态的传播更具有隐蔽性和渗透性。主流意识形态安全主要包括文化产品的政治导向（高海涛，2015）、文化产业政策的意识形态导向（禹建湘，2013；曾荣平、侯景娟，2014）、国家文化主权保障（曹芸，2015）、国内意识形态环境（谢巍、高海涛和肖丽，2014）。

2. 核心价值观念安全

国家核心价值观念体现的是国家的立场，是对各种社会、自然现象的基本态度、是非判断及行为取向（目标、方式、手段等）。核心价值观念安全是维护国家意识形态安全的基础，这不仅与国家的国民教育、社会、家庭相关，而且与他国文化影响、渗透等相关。当前我国拜金文化一定程度地兴起、诚信的缺失，原有的诚信观、利益观、道德观等受到很大挑战，都与西方腐朽文化在中国的广泛传播有很大关联（孙祥军、李凡，2016）。核心价值观念安全主要包括国家主流价值观导向、文化产品的社会影响等（高海涛，2015）。如何在文化产业中体现并传播中国核心价值观念，是文化产业所要关注的（张国祚，2014）。

3. 中国民族传统文化安全

民族文化是民族精神的支柱和纽带，是保持民族认同及其凝聚力的重要纽带。民族核心文化的消失，标志着民族的衰落与灭亡。当前，西方发达国家通过实施文化战略，借助电影、电视等各种文化产品来维护其西方文化在全球的主导地位。西方语言文化、餐饮文化、节日文化等大肆传播，部分民众对西方文明逐渐认同和崇拜，而对中国民族传统文化的认同度下降，给民族文化健康发展带来极大的负面影响。如果任由其发展，将会导致民族凝聚力的丧失（孙祥军、李凡，2016）。民族传统文化安全主要包括语言文字安全、中国民族文化传播、社会生活方式与风俗民俗、文化认同等（赵欢春，2015）。

二、经济效益维度的文化产业安全评价指标体系

经济效益维度的文化产业安全评价指标研究已相对比较成熟。在相关文献的基础上，结合已有产业安全评价以及文化产业安全评价指标基础，按照前述的基本原则，提出具有可操作性的经济维度安全评价指标体系，该指标体系主要包括文化产业竞争力生成能力、文化产业生态环境、文化产业国际竞争力、文化产业控制力和文化产业对外依存度，共计24个关键指标（KI）（具体见表6-2）。

表6-2 经济维度的文化产业安全关键评价指标体系

一级指标	二级指标	指标定义、测度及说明
文化产业竞争力生成能力（Y1）	1. 核心专业人才增长率（Y11）	本产业需要的核心专业技术人才供给增长率
	2. 自主知识产权占比（Y12）	本产业的自主知识产权占比＝本产业自主知识产权数量/本产业全国知识产权总数量×100%
	3. 自主创新产品竞争力（Y13）	本产业的自主创新产品文化市场占有率
	4. 创新转化能力（Y14）	本产业的文化企业自主创新产品获利能力
	5. 文化产业产品研发投入比重（R&D）（Y15）	本产业的文化产品研发年投入费用占文化产业年营业额的比重
文化产业生态环境（Y2）	6. 国内产业政策环境（Y21）	政府制定的产业政策对本产业健康发展的支持、促进程度
	7. 国际产业政策环境（Y22）	本产业当年反倾销、反调查占出口的比重
	8. 文化市场需求规模（Y23）	本产业的国内市场需求规模，规模越大越安全
	9. 文化市场需求增长率（Y24）	本产业的国内市场需求增长率，越接近期望的目标状态，越安全
	10. 产业融资环境（Y25）	本产业的文化企业资本效率，指利润额与成本费用额比值，即获取资本投入、支持的难易程度。效率越高，越有利于产业安全
	11. 专业人才供给率（Y26）	本产业现有的符合文化产业发展需要的专业人才数/预期的专业人才需求总数，供给率越高越安全

续表

一级指标	二级指标	指标定义、测度及说明
文化产业国际竞争力（Y3）	12. 产业国内市场份额指数（Y31）	本产业的国内市场销售额占国家文化产业全部销售额的比重
	13. 产业贸易竞争力指数（Y32）	本产业出进口贸易差额比上进出口贸易总额
	14. 文化产业显示性比较优势指数（Y33）	显示性比较优势指数（RCA）是指一国某商品出口总额占该国出口总值的比例与全球该商品的出口总额占全球所有商品出口总值比例的比值
	15. 文化产业集中度指数（Y34）	本产业里的前 x 家文化企业的销售额与本产业的总销售额比值，产业集中度的提高有利于产业国际竞争力的提升
	16. 文化产业资本收益率指数（Y35）	本产业资本平均收益率，即利润额与总收入的比值，越高越安全
文化产业控制力（Y4）	17. 外资市场控制率（Y41）	本产业的外资销售额/本产业的销售额，反映外资文化企业对国内市场控制程度，控制率越高，产业威胁就越大
	18. 外资品牌占有率（Y42）	本产业外资拥有的文化品牌数/本产业总品牌数，比率越大，产业安全威胁就越大
	19. 外资经营决策权控制率（Y43）	单个文化企业外资股权超过 50%，为外资控股，比例越高，国内文化产业的发展受外部因素影响的程度越大，就越不安全
	20. 外资核心技术控制率（Y44）	本产业外资控制的文化核心技术与专利数占我国使用的全部文化核心技术数的比重
文化产业对外依存度（Y5）	21. 产业出口对外依存度（Y51）	本产业出口贸易总额与该产业的国内生产总值之比
	22. 产业进口对外依存度（Y52）	本产业进口贸易总额与该产业的国内生产总值之比
	23. 产业资本对外依存度（Y53）	本产业的国外资本存量与该产业当年的总产值之比
	24. 产业技术对外依存度（Y54）	本产业当年引进的技术项目产值占当年产业总产值之比

注：在对具体细分产业实际评价时，需结合细分产业特点对本指标进行适当调整。

1. 文化产业竞争力生成能力

文化产业是个新兴产业，需要持续发展。文化产业安全既要确保产业现状的安全，又要关注保证产业安全现状的基础是否存在（朱建民，2012）。文化产业竞争力生成能力安全，也即内在持续发展能力保障，主要是强调文化产业竞争力的内生能力和建构能力，反映经济开发条件下的文化产业竞争力形成基础问题（朱建民、魏大鹏，2013）。主要包括核心专业人才增长率、自主知识产权占比、产业自主创新产品竞争力、创新转化能力、文化产业产品研发（R&D）投入比重等。

2. 文化产业生态环境

文化产业生态环境是文化产业能够赖以生存和保持发展能力的重要基础。主要包括国内产业政策环境、国际产业政策环境、文化市场需求规模、文化市场需求增长率、产业融资环境、专业人才供给率等。国际、国内文化产业政策环境的好坏可以看出文化产业的发展潜力和空间。如果国家对文化产业重视，就会制定支持文化产业发展的政策，这些政策就会对文化产业安全产生影响。政策支持力度越大，发展潜力也就越大。文化市场需求规模、文化市场需求增长率等，也都彰显了文化产业发展空间和潜力。资金需求一直是近年来制约文化产业发展的重要因素，文化产业的融资环境对产业发展有直接影响。文化产业属于知识密集型产业，不仅需要资金支持，还需要人才支持。专业人才供给越充足，其产业发展的潜力也就越大，未来的发展前景也就更好。

3. 文化产业国际竞争力

文化产业国际竞争力，是在经济开放条件下文化产业生存发展的重要保证，既能显示一个国家文化产业的竞争优势和比较优势，又能明确产业国际竞争力提升路径和方向。文化产业国际竞争力主要衡量指标一般包括文化产业国内市场份额指数、文化产业贸易竞争力指数、文化产业显性比较优势指数、文化产业集中度指数、文化产业资本收益率指数等。

4. 文化产业控制力

文化产业控制力主要反映国（境）外资本对本国文化产业的控制程度，包括外资市场控制率、外资品牌占有率、外资经营决策权控制率、外资核心技术控制率等。在经济开放条件下，国（境）外资本对本国文化产业的控制程度越高，国家文化产业面临的安全威胁就越大。

5. 文化产业对外依存度

文化产业对外依存度主要反映国际市场制约给国家文化产业带来的影响，

从文化产业对外依存度的大小可以评判国家文化产业发展对其他国家文化产业的总体依赖程度。指标主要包括文化产业进口对外依存度、文化产业出口对外依存度、文化产业资本对外依存度、文化产业技术对外依存度等。

三、指标权重确定

在经济开放条件下，文化产业将始终处于一个动态变化复杂的开放系统，而且文化产业安全评价还涉及多层次的评价指标，各指标之间存在一定的层次结构关系，故本书首先使用层次分析法（AHP）来确定文化产业安全评价指标权重，并用熵权法对指标权重进行修正，确定相应指标权重的最终值。

1. 基于 AHP 法的权重计算

（1）构建递阶层次的评价指标体系

根据对各指标相互关系的分析，构建递阶层次的评价指标体系（见表6-3）。

表6-3 递阶层次评价指标体系

μ_1	μ_2	...	μ_m
μ_{11}	μ_{21}	...	μ_{m1}
μ_{12}	μ_{22}	...	μ_{m2}
...	...	...	...
μ_{1n}	μ_{2n}	...	μ_{m1}

（2）建立判断矩阵

在评价指标体系确定后，各指标间的隶属关系也随之确定，同一层次指标两两比较，得出的比较结果用1～9标度法表示，每个标度含义如表6-4所示。

在相同层次的指标中，得出的成对比较矩阵 $A = \{a_{st}\}$，其值满足：$a_{st} > 0$，$a_{st} = \dfrac{1}{a_{ts}}$。

表6－4　1～9标度的含义

标度	含义
1	两个指标重要性相等
3	一个指标比另一个指标稍微重要
5	一个指标比另一个指标明显重要
7	一个指标比另一个指标强烈重要
9	一个指标比另一个指标极端重要
2、4、6、8	是上述相邻判断的中间值
1～9的倒数	两个指标的反比

（3）计算指标权重

第一步：计算成对比较矩阵 A 的各行元素的积 M_s：$M_t = \prod_{t=1}^{n} a_{st}$，$s=1$，2，3，…，n。

第二步：计算每一行 $\overline{W}_s = \sqrt[n]{M_s}$，$s=1$，2，3，…，n。n 为矩阵阶数。

第三步：将 $[W_1 \quad W_2 \quad \cdots \quad W_n]T$ 归一化，得到各指标权重 $W_s = \overline{W}_s / \sum_{s=1}^{n} \overline{W}_s$。

（4）求判断矩阵 A 的最大特征值 $\lambda_{\max}$

$$\lambda_{\max} = \sum_{s=1}^{n} \frac{(A \cdot W)}{nW_s}, \quad A \cdot W = \begin{bmatrix} a_{11} & a_{12} & \cdots & a_{1n} \\ a_{21} & a_{22} & \cdots & a_{2n} \\ \cdots & \cdots & \cdots & \cdots \\ a_{n1} & a_{n2} & \cdots & a_{mn} \end{bmatrix} \cdot \begin{bmatrix} W1 \\ W2 \\ \cdots \\ Wn \end{bmatrix}, \quad (A \cdot W)_s =$$

$a_{s_1}W_1 + a_{s_2}W_2 + \cdots + a_{sn}W_n$

（5）一致性检验

第一步：一致性检验的指标 $C_1 = \frac{\lambda_{\max} - n}{n-1}$。

第二步：同阶判断矩阵平均一致性指标 R（见表6－5）。

表6－5　平均随机一致性指标

阶数 n	1	2	3	4	5	6	7	8	9
R	0	0	0.58	0.90	1.12	1.24	1.32	1.41	1.45

第三步：求一致性比率 C_R。

$C_R = (C_1/R_1)$，当 C_R 等于 0 时，判断矩阵具有完全一致性；当 C_R 小于 0.1 时，判断矩阵具有满意一致性；当 C_R 大于或等于 0.1 时，判断矩阵具有非满意一致性，此时需要重新调整各指标权重（曾建权，2004）。

2. 基于熵权法的权重修正

为了避免层次分析法受主观因素的影响，同时运用熵权法对计算得到的指标权重进行修正，设有 m 个指标，n 年的数据，建立的数据矩阵 $X = (x_{ij})_{n \times m}$，信息熵 $H(x) = -\sum_{s=1}^{n} f(x_t) Inf(x_i)$。

（1）f_{ij} 是矩阵 X 在第 j 个指标的定义下，第 i 个被评价个体的指标值比重，$f_{ij} = x_{ij} / \sum_{i=1}^{n} x_{ij}$；

（2）e_j 是第 j 个指标的熵值，$e_j = -k \sum_{i=1}^{n} f_{ij} \times Inf_{ij} \times (k = 1/Inn)$；

（3）指标权重 $w_j = (1 - e_j) / \sum_{j=1}^{n} (1 - e_j)$，$w_j$ 的值越大，对应指标也越重要；

（4）根据前面的计算，确定相应指标权重的最终值（见表6-6）。

表6-6 基于社会效益安全维度的文化产业安全评价指标权重

一级指标	二级指标
主流意识形态安全 (X1) (0.4443)	1. 文化产品的政治导向 (X11) (0.2727)
	2. 文化产业政策的意识形态导向 (X12) (0.2727)
	3. 国家文化主权保障 (X13) (0.2727)
	4. 国内意识形态环境 (X14) (0.1819)
核心价值观念安全 (X2) (0.3334)	5. 国家主流价值观导向 (X21) (0.3000)
	6. 国外主流价值观导向 (X22) (0.2000)
	7. 文化产品的社会影响 (X23) (0.3000)
	8. 文化生产者的社会责任 (X24) (0.2000)

续表

一级指标	二级指标
中国民族传统文化安全（X3）（0.2223）	9. 语言文字安全（X31）（0.1818）*
	10. 中国民族文化传播（X32）（0.4545）
	11. 社会生活方式与风俗民俗（X33）（0.0909）
	12. 文化认同（X34）（0.2728）

表6-7 基于经济效益安全维度的文化产业安全评价指标权重

一级指标	二级指标
文化产业竞争力生成能力（Y1）（0.1500）	1. 核心专业人才增长率（Y11）（0.0539）
	2. 自主知识产权占比（Y12）（0.2154）
	3. 自主创新产品竞争力（Y13）（0.3231）
	4. 创新转化能力（Y14）（0.2999）
	5. 文化产业产品研发投入比重（R&D）（Y15）（0.1077）
文化产业生态环境（Y2）（0.1000）	6. 国内产业政策环境（Y21）（0.0715）
	7. 国际产业政策环境（Y22）（0.0715）
	8. 文化市场需求规模（Y23）（0.1428）
	9. 文化市场需求增长率（Y24）（0.1428）
	10. 产业融资环境（Y25）（0.2857）
	11. 专业人才供给率（Y26）（0.2857）
文化产业国际竞争力（Y3）（0.2000）	12. 文化产业国内市场份额（Y31）（0.1875）
	13. 文化产业贸易竞争力指数（Y32）（0.1250）
	14. 文化产业显示性比较优势指数（Y33）（0.1250）
	15. 文化产业集中度指数（Y34）（0.3125）
	16. 文化产业资本收益率（Y35）（0.2500）
文化产业控制力（Y4）（0.3000）	17. 外资市场控制率（Y41）（0.2727）
	18. 外资品牌占有率（Y42）（0.0909）
	19. 外资经营决策权控制率（Y43）（0.1819）
	20. 外资核心技术控制率（Y44）（0.4545）
文化产业对外依存度（0.2500）	21. 产业出口对外依存度（Y51）（0.0946）
	22. 产业进口对外依存度（Y52）（0.1893）
	23. 产业资本对外依存度（Y53）（0.3376）
	24. 产业技术对外依存度（Y54）（0.3785）

四、指标测度方法

1. 定量指标测度

对于文化产业安全定量类指标,这里借用朱建民(2013)指标标准化处理方法。具体包括两类:对指标数值越小越安全的指标,采用公式(1)计算;对指标数值越大越安全的指标,采用公式(2)计算。

$$d_i = x_{il} + (x_i - x_{isl}) \frac{x_{ih} - x_{il}}{x_{ish} - x_{isl}} \quad (1)$$

$$d_i = x_{ih} + (x_i - x_{isl}) \frac{x_{ih} - x_{il}}{x_{ish} - x_{isl}} \quad (2)$$

其中:x_{il}——第 i 个指标的分数下限;x_i——第 i 个指标的实际值;x_{ih}——第 i 个指标分数上限;x_{isl}——第 i 个指标警戒下限;x_{ish}——第 i 个指标警戒上限。

2. 定性指标测度

在文化产业安全评价体系中,有关社会效益的指标,特别是在意识形态安全维度,部分指标难以进行准确的数量刻画,只能通过专家进行主观评价。对于这类定性指标,借鉴相关文献的一般做法,通过德尔菲法方法进行测度。首先,根据安全等级赋予相应分值,然后聘请相关领域内的 5 位专家对其打分,并取其平均值作为最后的得分。

第三节 文化产业安全评价方法

一、评价过程框架

相对一般产业安全评价,文化产业安全评价更为复杂,特别是在经济新常态背景下。在我国产业安全预警的实际操作层面，国家商务部早在2006年就开始建设包含相关关键指标的产业安全数据库，随后逐步扩容，并对数据库各指标进行实时监控、评价。因此，为科学、有效地评判文化产业安全状况，根据前述指标体系构建原则，借鉴已有的产业安全预警评价工作，文化产业安全评价应按"点面结合"思路进行，也就是在对文化产业安全评价时，既要对文化产业安全关键指标进行评价，又要进行综合评价，这样既可以从点上把握每个关键指标的安全状况，尽早把握苗头性、趋势性问题，同时又可以从面上把握整个文化产业的综合安全态势。这样才有利于全面的安全评价，并进行预警改善，以确保整个文化产业的安全。文化产业安全评价过程框架如图6-2所示。

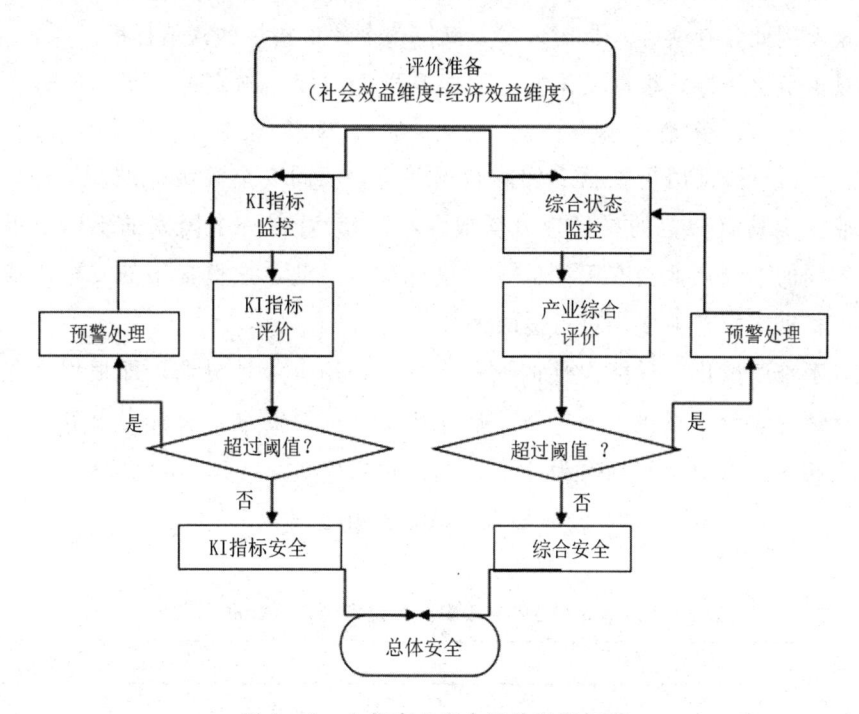

图6-2 文化产业安全评价过程框架

二、关键指标安全度评价

表5-6和表5-7可知,虽然文化产业安全涉及诸多因素、指标,但本书所构建的文化产业安全评价指标体系仅包含36个关键指标,内容包括主流意识形态安全、核心价值观念安全、中国民族传统文化安全、文化产业生态环境、文化产业国际竞争力、文化产业控制力、文化产业对外依存度、文化产业竞争力生成能力等维度。

1. 评价指标阈值标准(X_{io}、Y_{io})

文化产业安全评判,首先要确保文化产业安全评价指标体系中单个指标的安全,因此,在实际评价时,需要确定各个评价指标的阈值标准。

对于量化指标,根据具体量化数据及指标内涵,确定各个指标的分数下限(x_{it}、y_{it})、分数上限(x_{ih}、y_{ih})、警戒下限(x_{ist}、y_{ist})、警戒上限(x_{ish}、y_{ish})。依据历史数据和实际数据,建立不同安全等级标准。另外,由于产业安全具有一定的梯度性(李成强,2008),在一个国家的不同发展阶段,不同的细分产业会有不同的安全度标准,因此,这里提出的安全阈值标准还应根据国家产业发展进行适时调整。

对于难以量化、只能定性的评价指标,采用五级评分法,即根据文化产业实际情况,给出危机、不安全、临界状态、相对安全、非常安全五种状态类型,相应的取值区间依次为 [0,20]、(20,40]、(40,60]、(60,80]、(80,100](见表6-8),分数越大,该指标就越安全。

表6-8 文化产业安全关键指标评价标准

评价值	[0, 20]	(20, 40]	(40, 60]	(60, 80]	(80, 100]
安全状态	危险	不安全	临界状态	相对安全	非常安全

2. 关键指标安全状态评判

对某一关键指标 x_i,由公式(1)(2)求出文化产业安全指标值(X_{io}、

Y_{i0}),运用五级评分法得到每个指标的安全状态的映射。若关键指标中出现险情,则会对整个文化产业安全造成威胁,需要及时对文化产业安全关键指标进行评价,对每个关键指标进行预警,保证每个关键指标的安全,促进文化产业的整体安全。

三、文化产业安全综合评价

1. 综合评价阈值标准

单个指标评判完成后,为准确评判文化产业安全状况,还需对整个产业安全度进行综合评判。因此,需要制定文化产业安全度阈值标准。其中,产业安全度是依据文化产业某个细分产业安全的实际数据,采用前述的评价指标体系和评价模型,即可得到具体产业的安全综合态势评价结果。对文化产业安全综合评价量化结果,可参照相关产业安全评价阈值标准,设定为[0,20]、(20,40]、(40,60]、(60,80]、(80,100],分别对应非常危险、危险、基本安全、安全、非常安全五种状态,分数越大,安全度越高(见表6—9)。

表6—9 文化产业安全度综合评判标准

评价值	[0, 20]	(20, 40]	(40, 60]	(60, 80]	(80, 100]
安全状态	非常危险	危险	基本安全	安全	非常安全

2. 综合状态评判

这里借鉴产业国际竞争力研究的权威机构 IMD 和 WEF 对国际竞争力的多个指标测度时使用的方法,对文化产业安全进行综合评价。

S_1、S_2 分别为社会效益维度文化产业安全度和经济效益维度的文化产业安全度。

文化产业安全评价模型:

$$S_1 = \alpha_1 \sum a_m x_m + \alpha_2 \sum b_n y_n + \alpha_3 \sum c_i z_i \tag{3}$$

其中 $\alpha_1 + \alpha_2 + \alpha_3 = 1$，$\sum a_m = 1$，$\sum b_n = 1$，$\sum c_i = 1$

$$S_2 = \beta_1 \sum a_m x_m + \beta_2 \sum b_n y_n + \beta_3 \sum c_i z_i + \beta_4 \sum d_j w_j + \beta_5 \sum f_k u_k \tag{4}$$

其中，$\beta_1 + \beta_2 + \beta_3 + \beta_4 + \beta_5 = 1$，$\sum a_m = 1$，$\sum b_n = 1$，$\sum c_i = 1$，$\sum d_j = 1$

S_1、S_2 分别是社会效益维度和经济效益维度的文化产业安全两个维度总的评价值；x_m，y_n，z_i，w_j，u_k 分别代表相关的二级指标；a_m，b_n，c_i，d_j，f_k 分别代表对应指标的权重值；a_1，a_2，a_3，a_4，β_1，β_2，β_3，β_4，β_5 是各级指标的系数，即专家评价权重。

根据 S_1、S_2 的结果，对比文化产业安全度标准，即可进行安全状态判断。

第四节 评价实施的相关建议

文化产业安全评价是一项极其复杂的系统工程，为保证文化产业安全评价工作的有效实施，在前述文化产业安全评价指标体系和评价方法的基础上，还需做好以下三点。

1. 细化文化产业分类标准

《文化及相关产业分类》（2012）虽然很好地推动了我国文化产业发展，但仍比较笼统，行业界定宽泛。现行的《文化及相关产业分类》（2018）实际效果还有待检验。国际惯例中的产业是一种具体的产品，比我国一般意义上的产业范围要狭窄得多。如 WTO 规则中的产业主要是指"同类产品的国内生产者全体，或同类产品或直接竞争产品的总产量占这些产品全部国内产量主要部分的生产者"。因此，要对文化产业进行有效评价，还需进一步细化分类标准及其分类，以便有一定的可比性。

2. 搭建文化产业安全评价工作平台

产业安全评价是文化产业安全有效管理的前提，而产业安全评价的重点是产业安全数据信息的采集、整理，数据的及时、准确将直接影响安全评价的结果。针对产业安全评价工作特点，建立一个产业安全评价工作平台，包括长效的数据采集机制、稳定的安全评价机制等，以保证产业安全评价工作的连续性和有效性。特别是要利用并充分发挥国家商务部产业安全数据库平台的作用。

3. 建立文化产业安全评价智库

相比一般的产业安全，文化产业安全评价更为复杂。本书构建的文化产业安全评价指标体系仅是一种探索，在后续的安全评价中，还有诸多问题需要进一步完善，特别是定性的、难以评价的指标，需要通过专家进行评判。智库专家是一种特殊的知识资源，应由哲学、社会科学以及自然科学等多学科领域专家组成（赵欢春，2015），由于评价者在知识、能力、精力、信息等方面的局限，因此必须建立智库并发挥其作用。

文化产业安全预警需要科学的决策分析。科学的产业安全评价体系和评价方法，将有助于对我国文化产业安全进行适时、动态地监控和预警评价。文化产业安全评价既有一般产业安全评价的共性，又区别于一般产业安全评价。本章在深入借鉴相关产业安全评价成果的基础上，结合文化产业特性和实际，探索提出了文化产业安全评价指标体系和评价方法。其中相关评价指标，尤其是社会效益维度产业安全评价指标，以及安全度的阈值标准等诸多问题，还需进行深入的后续研究，并进一步完善，特别要进一步结合具体细分产业特点。

第七章 我国文化产业安全预警信息采集与应急反应系统

近年来,中国文化产业迅速发展,占 GDP 的比重逐步逼近 5% 的国民支柱产业标准。2016 年 11 月 29 日,国务院印发《"十三五"国家战略性新兴产业发展规划》,提出将数字创意产业列为重点培育的 5 个产值规模达 10 万亿元级的新支柱产业之一,这无疑是对文化产业新一轮的强刺激。然而,随着我国经济全球化的深入和"一带一路"倡议的全面推进,我国文化产业受到各种外来因素的冲击和威胁,如美国通过影视、餐饮等进行的全球文化输出战略(包含政治文化输出和大众文化输出),韩流文化(王永柱,2015),日本 ACG 文化产品输出等,尤其是西方文化霸权带来的文化侵略(徐运红等,2016),更具威胁。从我国文化产业自身来看,产业结构不合理、区域发展不平衡(宇文博,2014)、产业政策不健全、科技含量低(范阳洲等,2016)、文化及相关产业融合度低以及网络亚文化空间大、文艺"缺钙"现象(郑自立,2015)等要素依然存在较大威胁。我国的文化产业尚处于幼稚产业阶段,与文化产业强国相比,无论是文化产业国际竞争力、文化产业经济贡献度,还是在中国文化传承传播,均存在较大的差距。在经济全球化和文化多元化的战略背景下,处于弱势地位的我国文化产业必将面临严重安全威胁。因此,建立文化产业安全预警机制,实现文化产业全面监测、科学评价、超前预测、及时应急反应,切实维护文化产业安全和促进文化产业发展的迫切要求意义重大,影响深远(王建平,2013)。

近年来,学术界对于产业安全预警机制做了一些研究,如王培志(2008)基于经济全球化背景,对我国产业安全现状、影响因素、产业安全模式国际比较和安全预警指标体系与战略对策进行了系统研究,李孟刚(2010)就产业安全理论开展了一系列研究，俞婷婷（2010）、张丽娜（2014）、鲍韵（2013）围绕我国制造业、流通业、大豆业等产业安全构建了安全评价体系并做了实证分析。商务部自2005年就开始通过对国际经济发展变化、国际服务贸易、货物进出口和技术进出口等异常情况进行连续监测，并汇总分析其对国内文化产业可能带来的影响，构建产业损害预警机制，为政府部门、行业组织和企业决策服务，但覆盖的行业相对有限，一般局限于研究拟发展且尚属幼稚产业的工业产品或者是本国主导产品但易受进口冲击的产业。如近年来，商务部的产业安全预警主要针对农业、船舶行业、电商行业、互联网金融行业、环保行业、芯片产业、石化行业、智能医疗设备行业。而针对文化产业安全预警的研究，主要集中于开展文化产业安全预警研究的价值（王建平，2013）、文化产业安全影响因素、文化产业安全分析框架（周晓宏等，2016）、安全预警指标体系与机制（邓甜，2012；纪祥，2016）。综合来看，文化产业安全预警方面的研究数量较少，现有研究更多地倾向于文化产业安全预警的指标体系构建与分析评价方法，而在预警系统的运作规律和模式方面的研究鲜有涉及且深度不够。另外，由于文化产业具有意识形态属性和经济属性的双重关系，这是其区别于其他产业的重要特征。而现有关于文化产业评价的研究更多地着眼于经济效益安全，对于意识形态安全评价相对不足。因此文化产业安全预警机制的构建也要区别于其他产业安全预警机制。

所谓文化产业安全预警系统就是在全国范围内构建一整套文化产业安全的监测系统，在实时连续监控的基础上，分析和评估文化产业安全状态和级别，预测并发布潜在警情，为国家有关部门、行业组织和企业决策、防范和化解风险服务。根据预警理论的明定警义、寻找警源、评估警度、预测警兆、排除警情的基本逻辑（赖院根，2010），一套行之有效的文化产业安全预警系统，应包括三个部分，一是文化产业安全预警的信息采集系统，通过信息采集系统了解实时文化产业安全相关指标信息；二是文化产业安全预警模型的构建，即对收集的信息进行处理，通过评价指标体系等计算文化产业安全值是否到达临界值；三是应急反应系统的构建，一旦预警模型判定数据已经达到文化产业安全临界值，应急反应系统要判断可能存在威胁并做出对应措施，最大限度地减少对文化产业的损害，切实维护产业安全，促进产业健康、有序、可持续发展。

第一节 文化产业安全预警信息采集系统

类似于其他相关产业的安全预警系统,构建文化产业的安全预警系统,要建立完善的文化产业安全信息采集机制。基于系统论的视角和文化产业的特点,在信息管理和预警等理论基础上,结合有关研究成果(刘颖,2010;李哲敏,2015;惠光东,2016),系统设计我国文化产业安全信息采集体系,包括信息采集、整理、更新、采集机制等,以便持续、可靠、及时地进行信息采集,这是建立文化产业安全预警的基础和前提。因此,首先,要确立信息采集中应当遵循的原则;其次,要明确信息采集的对象和范围;再次,要确定文化产业安全预警信息采集的主体和组织构架;最后,要构建信息采集系统的运行模式。

一、预警信息采集过程中遵循的原则

结合有关产业预警理论,构建文化产业安全信息采集系统还需要遵循文化产业的特点和模式,采集符合标准的信息数据,完善数据的准确性,使得评价结构更加全面、真实和可靠。在信息采集的过程中,需要遵循四个方面的原则(胡玉涛,2004;赖院根,2015;戴芳,2016)。一是客观性原则,文化产业安全预警信息采集的数据必须是客观的,不能够带有任何个人的主观因素。只有严控数据来源,采集真实可靠的数据,才能够客观公正地反映产业全貌和实况。二是可测性原则,信息采集中选取的各项指标必须是客观存在的指标或者是存在指标的简单变换。统计者通过查阅相关的数据库和统计年鉴或自行可以计算能够客观得到相关数据。同时数据信息需要保持统一的统计方法和统计口径,以保证数据来源的一致性和结果的准确性。定量分析是整个分析体系的基石,数据的可测性来源是结果科学准确的关键。三是系统性原则,文化产业安全预警信息应是一个完整体系,各指标之间存在着很强的内在关系。因此在采集过程中,首先,要完善系统

性数据的收集，保证整个体系的充实和完整，扩大信息收集的广度，防止片面性。其次，要注意体系中各个指标之间的反应内容是否存在重复现象，在实践过程中完善体系的制定。同时，采集过程动静结合，既要关注结果性静态指标，也要兼顾过程性动态指标。四是前瞻性原则。由于采集的文化产业安全预警信息既要反映产业的安全现状，又要预测未来文化产业发展的趋势和方向，在信息采集过程中要对一些指标体系未能关注的信息保持警觉度和敏感度，为完善预警体系做好前瞻性铺垫和安排，提高信息采集系统的功能和精度，通过专业评价人员的计算分析，能够在可预见的期限内，分析评价文化产业发展的相关可能情况。

二、预警信息采集的对象和范围

类似于一般产业信息采集的对象和范围，除了要做好产业宏观指标数据以外，文化产业安全信息采集还要聚焦四个对象，一是瞄准文化产业内重点细分产业。例如，行业内易受冲击和具有比较优势的细分产业，规模小、关系国家文化安全和文化传承的细分产业，国家重点扶持的产业等。二是瞄准文化产业内重点企业，牵住"牛鼻子"，如保利文化集团、深圳华强、万达文化产业集团等。三是瞄准文化产品进出口重点国别。四是瞄准国内外文化产业的重点事件。再如，2016年我国电影产业的票房造假事件，应做好该事件的负面影响评估；如2016年突然爆发的网络直播产业，其正向价值和负面影响需要及时采集并做好评估。

基于文化产业兼具经济属性和意识形态属性的特点，综合以往关于文化产业安全评价指标体系的研究（《中国文化产业报告》，2015；吴佩芬，2011；郝文庆，2016），本书基于社会效益和经济效益两个维度，构建了我国文化产业安全预警指标体系，具体指标结构、定义、测度及说明如表7-1和表7-2所示。

表7-1 基于社会效益安全维度的我国文化产业安全预警指标体系

一级指标	二级指标	指标定义、测度及说明
主流意识形态安全（X1）	文化产品的政治导向（X11）	本产业的文化产品中违背主流意识形态或其他反动内容的情况，违背频率越高，产业安全威胁越大
	文化产业政策的意识形态导向（X12）	本产业领域内，颁布实施国家意识形态导向的产业政策与法律法规以及规避、抑制国外文化产品对意识形态的侵蚀情况，发生频率越高，产业安全威胁越大
	国家文化主权保障（X13）	本产业领域的文化主权得到受损以及具有话语权的情况，受损情况越严重，产业安全威胁越大；话语权越弱，产业安全威胁越大
	国内意识形态环境（X14）	意识形态领域的新变化、新要求等对本产业安全产生的影响情况，负向影响越大，产业安全威胁越大
核心价值观念安全（X2）	国家主流价值观导向（X21）	本产业的文化产品积极宣传、弘扬社会主义核心价值观的内容占比，比率越低，产业安全威胁越大
	国外主流价值观导向（X22）	本产业的文化产品中大力宣传西方国家主流价值观的内容比率，比率越高，产业安全威胁越大
	文化产品的社会影响（X23）	本产业中有违背社会主义核心价值观或其他低俗、负面内容、给社会带来负面影响的产品比率，比率越高，产业安全威胁越大
	文化生产者的社会责任（X24）	本产业产品主要生产者的社会责任感，责任意识越弱，产业安全威胁越大
中国民族传统文化安全（X3）	语言文字安全（X31）	本产业的文化产品中使用国外语言、文字的比率和本国语言占据主导的比率，使用国外语言、文字比率越高，产业安全威胁越大，使用本国语言比率越低，产业安全威胁越大
	中国民族文化传播（X32）	本产业中体现文化自觉、中国民族文化，有国际竞争力的产品的国际市场份额，市场份额越低，产业安全威胁越大
	社会生活方式与风俗民俗（X33）	本产业的文化产品对社会生活方式与风俗民俗正向影响程度，程度越轻，产业安全威胁越大
	文化认同（X34）	本产业的文化产品对国民文化认同的正向影响程度，程度越轻，产业安全威胁越大

表7-2 基于经济效益安全维度的我国文化产业安全预警指标体系

一级指标	二级指标	指标定义、测度及说明
文化产业竞争力生成能力（Y1）	核心专业人才增长率（Y11）	本产业需要的核心专业技术人才供给增长率，增长率越低，产业安全威胁越大
	自主知识产权占比（Y12）	本产业的自主知识产权占比＝本产业自主知识产权数量/本产业全国知识产权总数量×100％，占比越低，产业安全威胁越大
	自主创新产品竞争力（Y13）	本产业的自主创新产品文化市场占有率，占有率越低，产业安全威胁越大
	创新转化能力（Y14）	本产业的文化企业自主创新产品获利能力，获利能力越弱，产业安全威胁越大
	文化产业产品研发投入比率（R&D）（Y15）	本产业的文化产品研发年投入费用占文化产业年营业额的比率，比率越小，产业安全威胁越大

续表

一级指标	二级指标	指标定义、测度及说明
文化产业生态环境（Y2）	国内产业政策环境（Y21）	政府产业政策对本产业健康发展的支持、促进程度，程度越低，产业安全威胁越大
	国际产业政策环境（Y22）	本产业当年反倾销、反调查占出口的比率，比率越大，产业安全威胁越大
	文化市场需求规模（Y23）	本产业的国内市场需求规模，规模越小，产业安全威胁越大
	文化市场需求增长率（Y24）	本产业的国内市场需求增长率。越远离期望的目标状态，产业安全威胁越大
	产业融资环境（Y25）	本产业的文化企业资本效率，是利润额与成本费用额比值，即获取资本投入、支持的难易程度。效率越低，产业安全威胁越大
	专业人才供给率（Y26）	本产业现有的符合文化产业发展需要的专业人才数/预期的专业人才需求总数。供给率越小，产业安全威胁越大
文化产业国际竞争力（Y3）	产业国内市场份额（Y31）	本产业的国内市场销售额占国家文化产业全部销售额的比率，比率越大，产业安全威胁越大
	产业贸易竞争力指数（Y32）	本产业出口贸易差额与进出口贸易总额的比率，比率越小，产业安全威胁越大
	文化产业显示性比较优势指数（Y33）	显示性比较优势指数（RCA）是指一国某商品出口总额占该国出口总值的比率与全球该商品的出口总额占全球所有商品出口总值比率的比值，比值越小，产业安全威胁越大
	文化产业集中度（Y34）	本产业里的前 x 家文化企业的销售额与本产业的总销售额比率，比率越小，产业安全威胁越大
	文化产业资本收益率（Y35）	本产业资本平均收益率，即利润额与总收入的比值，比值越小，产业安全威胁越大
文化产业控制力（Y4）	外资市场控制率（Y41）	本产业的外资销售额/本产业的销售额，反映外资文化企业对国内市场控制程度，控制率越高，产业威胁越大
	外资品牌占有率（Y42）	本产业外资拥有的文化品牌数/本产业总品牌数，比率越大，产业安全威胁越大
	外资经营决策权控制率（Y43）	单个文化企业外资股权超过50%，为外资控股，比率越高，国内文化产业的发展受外部因素影响的程度越高，产业安全威胁越大
	外资核心技术控制率（Y44）	本产业外资控制的文化核心技术与专利数占我国使用的全部文化核心技术数的比率，比率越大，产业安全威胁越大
文化产业对外依存度（Y5）	产业出口对外依存度（Y51）	本产业出口贸易总额与该产业的国内生产总值之比，比值越小，产业安全威胁越大
	产业进口对外依存度（Y52）	本产业进口贸易总额与该产业的国内生产总值之比，比值越大，产业安全威胁越大
	产业资本对外依存度（Y53）	本产业的国外资本存量与该产业当年的总产值之比，比值越大，产业安全威胁越大
	产业技术对外依存度（Y54）	本产业当年引进的技术项目产值占当年产业总产值之比，比值越大，产业安全威胁越大

三、预警信息采集主体及组织架构

文化产业安全管理工作是一项需要多部门协同配合才能做好的工作，尤其需要国家负责文化部门、宣传思想和安全部门的积极参与、配合和协调。

从管理主体上看，根据上述文化产业安全预警指标体系分类标准，我国文化产业安全预警信息采集主体的组织架构可以相应分为宣传思想主管部门和国家文化产业安全管理部门两大类，同时要联合国家安全、经济、商贸、科技、金融、旅游、体育、宗教、民族、对外事务管理部门和国家驻国外经济、文化、政治、管理等部门。其中，宣传思想管理部门主要对市场中文化产品的价值取向进行管理和纠偏，具体包括中央宣传部、国家广播电视总局；文化管理部门主要应从国家文化生产和经营角度加强对文化产品和文化服务的品质管理，主要包括文化和旅游部、发改委、财政部；而协同部门包括安全部、工业和信息化部、国家民委、国家宗教事务局、外交部、海关总署、商务部、科技部、教育部、国家统计局、国家知识产权局、国家体育总局、银保监会、证监会等。如文化产业竞争力生成能力的二级指标中知识产权和创新能力等数据收集需要商务部、科技部和国家知识产权局的共同配合；文化产业生态环境的二级指标中产业的政策环境和融资环境则需要中央宣传部、文化和旅游部、财政部等部门协作配合。

表7-3 我国文化产业安全预警信息采集主体一览表

信息采集主体	一级指标
中央宣传部、国家广播电视总局、国家安全部、工信部等	主流意识形态安全（X1）
	核心价值观念安全（X2）
	中国民族传统文化安全（X3）
商务部、科技部、知识产权局	文化产业竞争力生成能力（Y1）
文化和旅游部、中央宣传部、财政部等	文化产业生态环境（Y2）
商务部、外交部、文化和旅游部、海关总署等	文化产业国际竞争力（Y3）
文化和旅游部、商务部等	文化产业控制力（Y4）
商务部、外交部、海关总署等	文化产业对外依存度（Y5）

国家文化产业安全预警信息采集系统的主体组织架构如图7－1所示。国家文化产业安全管理部门（可与某部门合署办公）应发挥关键和核心的作用，协同在本系统内拥有相关文化产业安全信息的部委，如国家安全部、中宣部、文化部、国家广播电视总局、文物局、新闻办、外交部、海关总署、商务部、科技部、教育部等，直接向中央国家安全委员会负责，协同并联合其他平级单位，指导并监督各省、市、自治区文化产业安全管理机构，同时可以委托第三方机构评估、检查、分析所辖领域内的文化产业安全问题。可以通过组建高级别的"中国国家文化产业安全监督平台"，常态化收集文化产业预警所需的各类数据、抽检各类文化产品服务质量，系统化管理检查流程与结果，全面提高文化产业安全预警水平和质量。

从文化产业安全信息采集的具体工作来看，信息采集主体共包含三个层次，一是政府文化产业管理部门，自上而下，包括国务院、省、市、县、镇各级政府相关部门，总体谋划和统筹文化产业安全信息采集工作。二是文化产业及相关细分产业（如新闻出版产业、电影产业、数字创意产业、文化用品产业等）行业协会、商会和咨询、中介组织，做好行业内部有关信息的采集、整理、统计工作。三是文化产业内规模以上或重点文化企业，具体负责企业内部或有关信息的采集、统计工作。

四、预警信息采集系统运行模式

1. 文化产业安全预警信息采集的渠道与方式

要通过建立固定的文化产业安全预警信息收集网络，提高信息采集的质量和水平。信息主要包括通过文化部门、监测、市场、企业、消费者、网络等调查获得的信息，国际文化企业发布的信息，国外政府、第三方机构、国际组织等发布的信息，以及国内外文化消费主体反馈的信息等。信息采集的方式一般有两种，一是通过一体化信息采集管理系统由各类各级采集主体报送获得；二是通过针对重点行业、重点企业、重点国别抽样调查所得。通过稳定有效的渠道和多样的信息采集方式获得信息，文化产业安全预警机构负

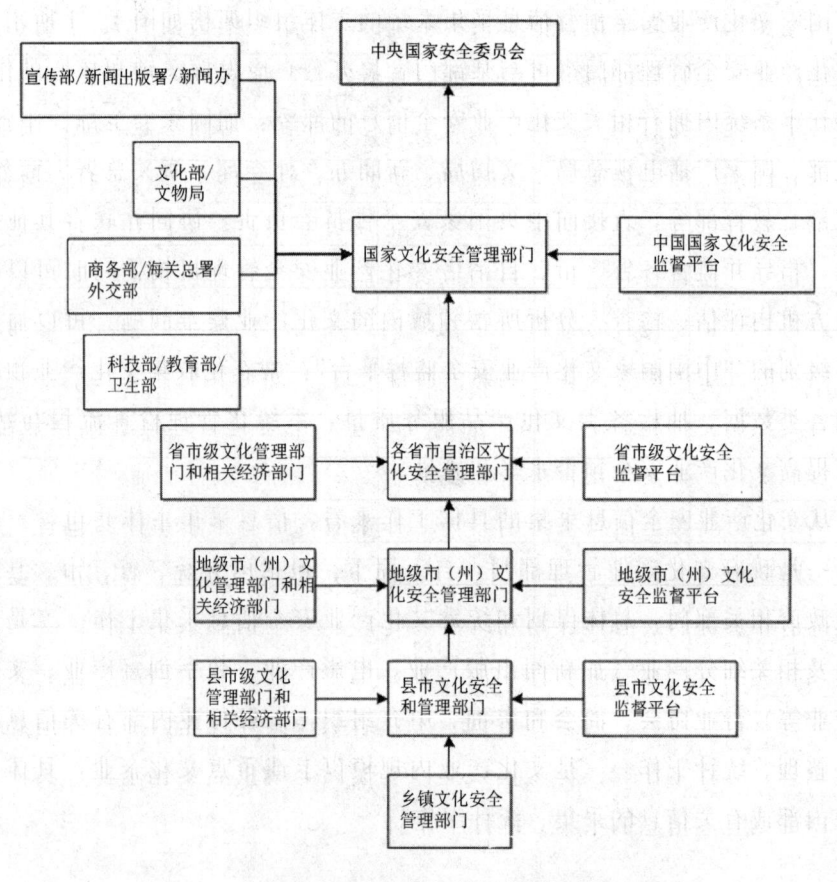

图 7-1 文化产业安全预警信息采集系统的组织架构

责组织对收集的信息进行筛选、确认和反馈。

2. 文化产业安全信息采集系统的构成与运行

如图 7-2 所示，我国文化产业信息采集系统分为三个部分，一是日常信息的采集与分析；二是信息采集过程中的抗干扰机制；三是对预警机制的运行监控。抗干扰机制和预警系统是保证日常采集数据合理性的措施，而日常采集是整个系统的关键。信息采集的对象是文化产业市场、文化产业企业、文化产业管理机构和进出口文化产业管理机构。

首先，日常信息的采集是由国家相关文化产业安全管理机构运用法律、

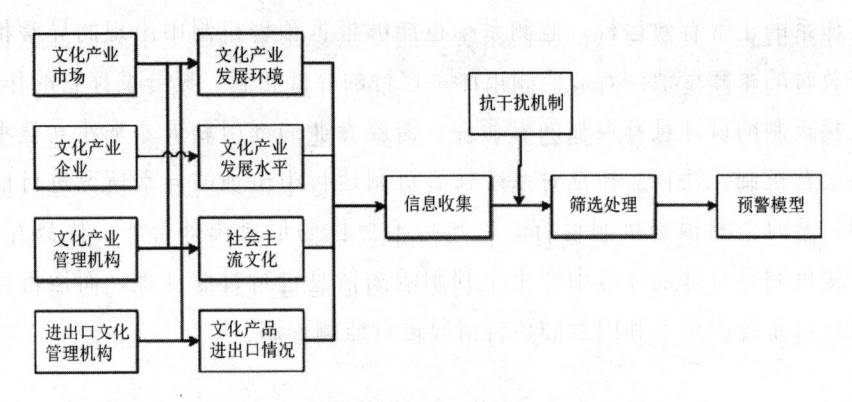

图 7-2 文化产业安全预警信息采集系统

经济等手段对文化产业进行信息监测控制,同时该系统为文化产业采集相关的数据进行分析。日常采集的信息主要是文化产业发展状况的基本数据,这些文化产业企业和产品数据将作为预警和预测的重要依据,并且根据分析的结果对整个系统进行反馈调整。

其次,抗干扰机制是指在甄别筛选干扰因素的过程中,过滤对于整个指标体系的运行起到破坏和抑制作用的数据信息,从而保留下有利于体系机制有效运行的数据信息的过程。这是由于文化产业本身具有很强的开放性,体系建构的本身很容易受到外来因素的影响,不利的外部因素会扰乱整个体系的稳定性,使得体系无法有效运行,得出的数据不具有有效性,甚至会破坏整个体系。抗干扰机制就相当于整个系统的保护伞,属于独立性最强的防卫型机制(邓甜,2012)。为保障抗干扰机制有效运行,既要建立完整的文化产业信息数据库,还要完善信息甄别和筛选技术。

最后,信息采集系统的运行也需要一个预警机制,对系统核心机制运行中出现的异常情况进行监测控制。因此预警系统的建立对系统运行状况和运行结果做出及时反应,对系统信息中存在的错误和误差进行及时更新和调整,保证数据信息的采集及时有效,以减少因信息不对称所带来的不利影响。

由于体系监控的专业性,需要建立立专门的预警机制来监测体系监控,并与快速反应机制和抗干扰机制一起,相互协作,共同保护体系运行。快速反应机制通过对异常情况做出相应的反应,找出原因,并加以控制,以保证整个体系的正常有效运行。监测系统也能够根据预警机制中出现的异常情况做出及时的跟踪反馈，有效监测出体系运行的异常状态，充分发挥它的作用。抗干扰机制的设计具有很强的专业性，需要专业的部门和人才来建立整个有效的运营机制。运行监控是对系统核心机制运行中出现的异常情况进行监测控制，及时监测预警机制运行。它与抗干扰机制形成内外合作、优势互补。抗干扰机制是对外部环境中产生不利影响的信息进行过滤处理，而运行监控则通过对系统产生不利因素的运行情况进行监测控制。

第二节 文化产业安全预警应急反应系统

在通过文化产业安全预警采集系统和预警模型输出判别结果以后，预警应急反应系统要根据判定结果及时响应和处理。应急反应系统的建立要结合发达国家经验和有关应急反应研究成果（马永清，2008；刘涛，2011；马佩英，2012；李红艳，2017），从经济、法律、市场、行政等层面提供应急反应机制，包括预测、预报、警示、调控、信息报告、信息发布、应急方案等，以便按预警分析评价结果进行预警应对。

一、文化产业安全预警标准及行动方案

根据文化产业安全状态的不同情况，可设立不同的预警标准。对于不同的预警结果，选择合适的应急行动方案。预警标准的设定主要是根据产业实际情况综合考虑各方面因素，根据警情的严重程度，可以将文化产业安全预警标准分为绿色、黄色、橙色和红色四种情况（栾绍娟，2007）。具体预警度描述和应急预案如表7-4所示。

表 7-4　文化产业安全预警度与应急预案

预警级别	预警度描述	应急预案
绿色（安全）	文化产业状态正常。文化产业并未受到外界冲击，处于正常运转状态	维持现状并继续关注
黄色（不安全/临界状态）	文化产业状态出现一定程度的问题，但不是特别严重，处于轻度危机的状态。此时表现为国家对文化产业控制力较强，文化产业国际竞争力较强，对外依存度较大，产业结构不合理，意识形态安全受到一定威胁	对文化产业的商品应该考虑减少进口或者限制进口，加强意识形态安全防范，谋划统筹文化产业布局
橙色（不安全）	文化产业状态出现一定程度的问题，处于中度危机的状态。此时表现为对文化产业控制力一般，文化产业国际竞争力一般，文化产业对外依存度很大，产业规模和结构均有较大缺口，意识形态安全受到较大威胁	对文化产业的商品应该考虑减少进口或者停止进口，加强产业环境建设，加大产业政策力度，强化意识形态风险防范
红色（危机）	文化产业状态出现很大的问题，处于高度危机的状态。此时表现为文化产业控制力很弱，文化产业国际竞争力很弱，文化产业对外依存度巨大，产业政策不力，市场环境较差，意识形态安全面临严重威胁	停止进口并大力采取保护国内产业政策，加强产业内部竞争力，高度重视意识形态风险防范

二、文化产业安全预警应急反应流程

根据预警模型对国内文化产业状态的不同程度预警，针对不同预警结果做出对应应急反应机制。首先要制定应急反应预案，不同的预警结果，采用的应急预案也各不相同。应急反应预案的制定，一方面要基于区域或行业的实际发展情况，另一方面要借鉴国内外相关部门架构、设置和管理活动的成败案例。应急反应系统运行模式见图 7-3。一旦根据预警系统确定预警结果之后，国家文化产业安全管理部门就要成立应急反应项目组，选择项目负责人和编制人员编制预案。预案编制人员要评估现状检查现实情况，同时检查评估机构应急反应能力，评价市场企业的应急能力，对安全风险进行辨别与评价，起草预案，并实施应急措施。

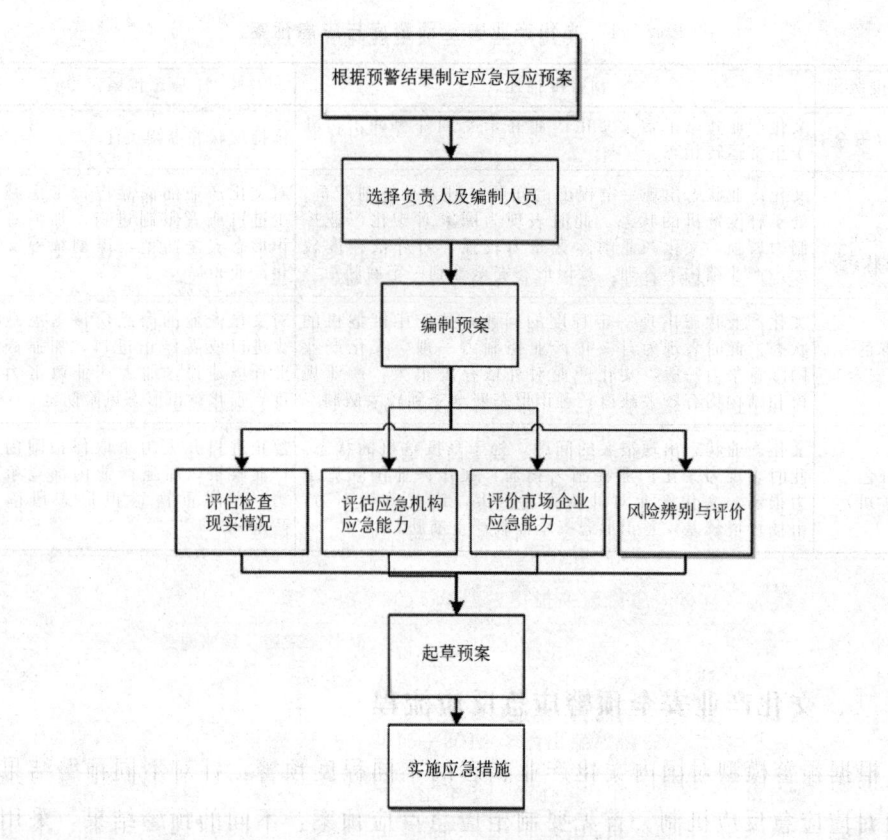

图 7-3 文化产业安全预警应急反应流程

三、文化产业安全预警系统应急反应主体和组织架构

类似于信息采集系统，应急措施的实施也是一项需要多部门协力配合才能做好的工作。在应急预案制定出来之后，要在国家文化产业安全管理部门的指导下，按照应急反应预案，向相关部门发布应急预案措施，在国家安全委员会的监督下保证政策措施的实施。根据应急反应的需要，国家文化和旅游部、国家广播电视总局、宣传部、外交部、海关总署、商务部、科技部、教育部等可能涉及的部门需要按照自己的职责分工向各省区市的有关部门以及行业协会、商会和文化企业，层层传达应急措施以保证国家文化产业安全。文化产业安全应急系统组织架构如图 7-4 所示。

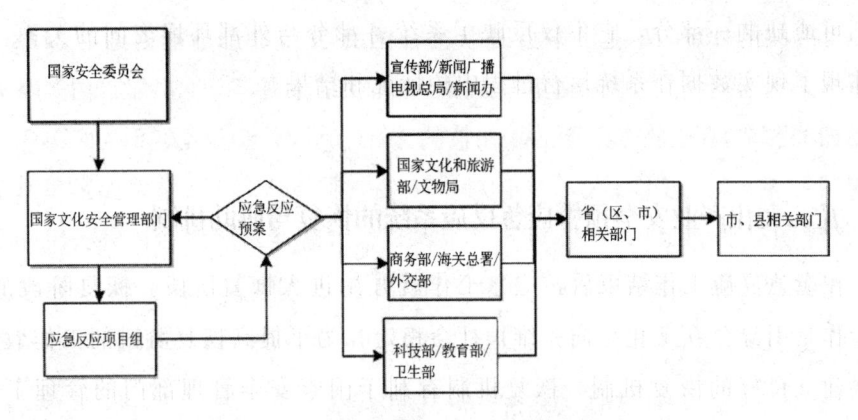

图 7-4 文化产业安全应急系统组织架构

四、文化产业安全预警应急反应系统运行反馈机制

应急反应系统是指对预警做出及时反应的系统。应急反应系统运行机制主要分为三个方面。一是事前反馈,是系统运行之前反馈给信息采集系统的信息;二是事中反馈,是文化产业安全预警系统内各阶段和机制运行过程中发生各种情况形成的信息反馈;三是事后反馈,是整个系统体系完成一个轮回后对于预警系统的一个反馈过程。事前反馈是指在预警机制运行之前,将系统周边情况反馈给信息采集系统。采集系统根据收集过来的数据对整个系统进行监测控制,并将在日常监控中获得的相关数据信息整理发送到预警机制中。事中反馈主要是指将预警机制运行过程中的实时情况传递给信息采集系统,包括影响系统的有利因素和不利因素。同时,将外部环境中影响预警机制运作的各种信息反馈给采集系统。事后反馈则是将系统体系运行结果反馈给相关的监管系统,监管系统组织专家和测评小组对于整个体系的运行结果进行测评并将最终的结果输送给政府管理部门。政府管理部门根据收到的结果数据,分析制定相关的文化产业政策,使得文化产业决策更加科学有效。

反馈机制本质上是一个信息传递的过程。低一级信息监测主体通过体系的运转将获得的信息及时传递给高一级信息监测主体,监测机构根据反馈的数据信息制定相关的产业政策。反馈机制本身是整个文化产业安全管理系统中不可或缺的一部分，它不仅反映了系统各部分与外部环境之间的关系，而且体现了现实数据在系统运行过程中的情况和结果。

五、文化产业安全预警应急反应系统的恢复与协助机制

在应急反应工作结束后，应急工作就开始进入恢复阶段。恢复阶段的主要工作是引导公众文化导向，维护社会稳定，为了提高恢复阶段的工作效率，需要建立良好的恢复机制。恢复机制有利于国家安全管理部门的管理工作，一是对影响文化产业安全的突发事件，系统能够及时引导和恢复，降低或消除危机所带来的负面影响；二是主动引导公众文化走上健康发展道路，提出关于文化产业安全管理方面的对策和建议；三是通过这种方式让政府能够提高危机意识，通过监控、分析某一区域的文化产业安全状况，能够对文化产业的发展趋势做出理论性的预测。

同时，经历每次文化产业安全问题后，需要有相应的协助系统，来专门记录应急处理过程，总结经验教训，为未来的应急管理提供经验和启示。协助系统的作用主要有：①辅助作用。协助系统提供信息，为相关部门文化产业安全预警管理提供辅助信息，以便更好地制定相关的政策规则。②改进作用。政府依据文化产业安全预警系统得出的结论对文化监督机构制定的政策法规进行调整和修正。③反馈作用。通过国家文化产业安全预警系统中的反馈机制，可以充分了解目前文化政策的科学性和实用性，有利于文化产业安全预警系统的完善与发展。

第三节 完善文化产业安全预警机制的保障措施

一、加强宣传引导，在思想观念中植入文化产业安全预警"基因"

思想观念是行动的先导和指南。文化是民族的灵魂。在全球化的背景下，

我国文化产业面临的冲击将是长期的、深远的。文化安全是我国国家安全的重要组成部分,"安而不忘危,存而不忘亡,治而不忘乱""为之于未有,治之于未乱"。习近平总书记在2017年国家安全工作座谈会上强调要加强网络预警监测。作为维护文化产业安全的基础性、前瞻性、预防性的重要手段,文化产业安全预警系统是维护文化产业安全、推动文化产业发展、实现支柱性产业目标的前提条件和底线思维。对于文化产业的特殊性,国家文化和旅游部多次强调,文化产品的生产创造和引进输入首先要从源头上把握正确导向,始终把社会效益放在首位,实现社会效益和经济效益相统一,这是对文化产业安全预警意识的重要诠释和根本要求。树立和强化文化产业安全预警意识,要通过网站、刊物、多种媒体等渠道加强对国民的文化产业安全意识教育和宣传引导,将预警防范文化产业意识形态安全和经济安全的意识植入各级政府、文化产业行业协会、商会和企业以及全民的思想观念中,为文化产业预警系统提供坚实的思想基础。

二、健全法规体系,在法规设计中嵌入文化产业安全预警细则

法律法规体系是最基础、最坚实和最有效的保障。以商务部2005年开始的产业损害预警系统建设为例,根据2011年的数据显示,5年的运行成效显著,监测范围已覆盖进出口额占比超过70%的敏感商品,监测企业从300家扩充到10000家,地方预警机制建设单位也从5家增加到34家,从6个行业扩充到16个主要行业。而这背后,有强大的法律法规体系支撑(朱小娟,2010)。首先,2004年实施的《中华人民共和国对外贸易法》规定,国务院应当建立国际服务贸易、货物进出口和技术进出口的预警应急机制,维护国家经济安全。其次,商务部出台了一系列的相关规定,如《反倾销产业损害调查规定》《保障措施产业损害调查规定》《反补贴产业损害调查规定》《产业损害调查听证规则》等法规。再以我国粮食安全为例,《国家安全法》规定:"国家健全粮食安全保障体系,健全粮食安全预警制度,保障粮食供给和质量安全。"至今国家已发布683项国家食品安全标准,共涵盖1.2万余项指标,

初步构建起符合我国国情的国家食品安全标准体系。

而总揽我国文化产业法规体系，不仅总量较少，而且对于建立文化产业安全预警的规范要求更少。由于法律依据不足，国家顶层设计统筹不足，地方各级政府的法规体系参差不齐，成效不佳。然而，文化产业相关法规体系建设的进程近年来不断推进，且有加快的趋势。例如，于 2017 年施行的《中华人民共和国电影产业促进法》《中华人民共和国公共文化服务保障法》，从危害国家安全的高度对相关电影内容导向和公共文化服务活动做了要求。2015 年施行的《博物馆条例》和文化部 2016 年印发的《网络表演经营活动管理办法》《互联网直播服务管理规定》，都体现了对我国文化产业安全的重视。为有效保障文化产业安全预警系统的高效运行，应由文化产业安全管理部门借鉴国内外对于产业损害预警机制的建设经验，在现有法规体系的基础上，更进一步，提前布局，在法规设计中嵌入构建文化产业安全预警细则和制度性规定。再如，党的十八届四中全会提出的《文化产业促进法》可嵌入建设文化产业预警系统的要素，同时要推进各地区谋篇布局地区性法规体系，为国家文化产业行业立法提供支撑。

三、建设运行机制，在顶层设计中列入文化产业安全预警规划

科学高效的预警运行机制，是保障文化产业安全预警系统建设的核心要件，应将预警运行机制建设列入规划国家文化产业发展的顶层设计中。建设好运行机制，首先，要建立健全文化产业安全预警工作组织机构。各级政府管理部门、行业协会商会以及重点企业要设立本单位的预警机构，负责安全预警信息采集与应急反应系统建设，同时配套安排人力和经费，保障预警系统工作机构的正常运行。

其次，要构建预警工作实施机制。根据前述的文化产业安全预警工作方法和步骤，要明确各个责任主体和职责范围，确定阶段性目标；然后确定文化产业安全预警机制建设实施方案，并组织实施。同时，要构建文化产业安全预警绩效考核和激励机制，定期公布地方、行业绩效考核结果，提高各单位开展产业安全预警工作的积极性。国家文化产业安全管理部门可对在产业

安全预警建设工作中表现突出的集体和个人进行表彰，对工作开展不力的进行通报和问责。

最后，要促进非政府组织和社会力量的参与机制，尤其是行业协会和企业的参与机制。行业协会作为非政府组织有其自身的优越性，如熟悉国际国内产业发展态势、自主制定行业规则和开展行业自律、与企业沟通通畅迅速等。和欧美国家相比，我们的行业协会覆盖率低，且运行机制不完善。在文化产业预警方面，行业协会对于安全预警信息采集、企业安全指导以及发布警兆和应急排除警情方面，作用十分重要。发挥好行业协会在文化产业安全预警方面的作用，既要强化行业协会在产业安全预警中的作用和职责，又要鼓励和支持建设文化产业内部的行业协会，同时制定相应的管理规范。

四、提升预警水平，在行动实践上深入文化产业预警研究

党的十五届五中全会首次正式提出"文化产业"概念，我国文化产业虽得到较快发展，但总体上仍是起步晚、起点低、安全威胁多。而对于文化产业安全预警系统的理论研究多，但在文化产业管理有关部门的具体落实较少，同时有关部门协同较弱，经过行动实践检验的经验成果十分稀缺。尽管如此，文化产业安全预警系统的运行，依然依赖于预警研究的科学性和实效性，安全预警研究进展是推动和提供文化产业安全预警行动实践的助推器和加速器。因此，在实践工作中，要进一步加强对产业预警的工作研究。

第八章 维护我国文化产业安全的对策建议

第一节 政府层面

一、制定国家文化产业发展战略规划

在文化产业对外开放的大背景下，如果不加以干预，国外的资本集团将加速进入和控制我国文化产业，这将使我国文化产业问题越来越突出和严重。因此，在开放条件下，为确保我国文化产业安全，必须确立以国家利益为最高利益的文化产业发展战略，把国家文化产业安全纳入国家安全战略规划和法制化轨道，同时要系统更新文化产业安全预警理念。根据我国国家安全总体观的理念，文化产业安全预警要把握"六既六又"理念准则：既重视产业经济安全预警，又重视文化意识形态安全预警；既重视产业外部安全预警，如国外文化产业对国内其他产业冲击下的安全预警，又重视产业内部安全预警，如政策环境、产业要素环境、产业结构安全预警等；既重视产业生存基础安全预警，又重视产业创新发展、协调发展、绿色发展、开放发展、共享发展的安全预警；既重视产业面上基础安全预警，又重视点上突发事件安全预警；既重视面上产业总体安全预警，又重视细分行业安全预警，如数字创意产业、直播产业、网络IP产业、特色小镇产业的安全预警等；既重视产业空间布局上的地区性文化产业安全，如东北地区文化产业发展下降过快的安全预警，又重视产业实践维度上的可持续发展安全预警。

增强文化产业安全意识,将文化产业安全提升到国家战略高度。随着思想文化在更大范围、更深层次相互激荡、彼此碰撞,国际形势中不安全、不稳定、不确定因素显著增多,维护我国文化安全和意识形态安全面临更多新的挑战,迫切需要进一步贯彻落实总体国家安全观,适应经济发展新常态,尽快实施文化产业预警体系建设工作。积极利用、大力发展、科学管理互联网,积极应对"数字化生存"时代的严峻挑战和潜在困境。大力加强社会主义文化建设,努力做好我国传统文化的继承和创新,有效抵制西方不良文化的侵蚀;积极利用各种渠道向世界展示我国文化,弘扬社会主义核心价值观,为世界了解中国文化创造良好的文化安全环境。

要进一步加强宣传引导,在思想观念中植入文化产业安全预警"基因"。思想意识是行动的先导和指南。

完善文化产业安全预警机制顶层设计,在顶层设计中列入文化产业安全预警专项规划。

二、构建文化产业预警体系

要在对中国文化产业基本发展情况全面进行调查、深入分析后,构建国家文化安全预警体系(胡惠林,2000)。通过建立早期的科学预警与监测模型、储备完备的预警制度和应急方案,优化文化商品进口管理制度和文化产业发展与文化市场运作监督机制,健全文化产业投资安全风险评估、风险管理的技术体系以及文化生态环境的监测系统与标准,从而建立一套完整、高效的国家文化安全体制。

1. 构建表征国家文化产业安全状况的指标体系

构建科学有效的文化产业安全评价指标体系,准确度量文化产业安全发展状况,是建立文化产业安全预警体系的关键。科学合理的评价指标体系,将有助于对我国文化产业安全进行适时、动态的监控和预警。宏观层面需要制定文化产业安全预警评价指标体系,实时研判产业安全预警风险等级,以对文化产业的发展趋势和安全态势进行总体把握。微观层面需要明晰产业安全具体指标以具体呈现安全实况。同时要围绕市场安全和内容安全两个维度，设立整体性预警指标和关键性预警指标，既要反映一般性的产业安全态势，又要密切关注关键领域的安全状况。

2. 确定产业安全预警标准

根据前面提到的文化安全预警指标，收集相关数据，综合分析国家文化产业的安全程度，并将其分为相应的预警级别。根据文化产业的安全程度和警情的严重程度，可以将文化产业安全预警标准分为危机、不安全、临界状态、相对安全、安全等五个状态层。因此，根据文化产业安全状态的不同情况，可设立不同的预警标准。对于不同的预警结果，选择适合的应急行动方案进行应对。如果国家文化产业安全处于低度受损和微受损的状态，则没必要采取过度的措施，只需要留心观察、保持警惕。但当警情处于中度受损或高度受损状态时，就需要及时启动相应的国家文化产业安全预警系统，及时采取相应措施。因此，确定文化产业安全的预警级别非常重要，它决定了是否需要采取措施以及采取哪些措施和措施的实施程度。

3. 创新国家文化产业安全危机管理机制

在确定了预警级别以后，针对不同预警结果采用对应的应急反应机制。首先要制定应急反应预案，不同的预警结果，采用的应急预案也各不相同。应急反应预案的制定，一方面要基于区域或行业的实际发展情况，另一方面要借鉴国内外相关部门架构、设置和管理活动的成败案例。建立完善的文化产业安全预警机制的核心节点工作，包括创新产业安全预警工作机制，设立文化产业安全损害预警机制的权威部门，完善产业安全预警基础体系，推进产业安全预警技术的研究，建设文化产业安全预警专家队伍。

(1) 创新产业安全预警工作机制。在强化政府主导作用的同时，建立健全分工协作机制；设立国家层面的文化产业安全委员会等机构，统一组织、协调文化产业预警工作；明确职责分工，加强合作共建（国家发展和改革委员会宏观经济研究院课题组，2009）。建立产业风险动态管理机制，完善文化产业安全预警信息采集、评估、发布、应对工作机制。建立风险信息共享机制，系统整合分散的产业安全信息资源，以实现预警信息的共享和有效传递；提高安全预警的应急处理能力。进一步完善文化产业细分行业标准，建立健全行业协会；借鉴发达国家经验，完善政府－行业协会－企业联动的预警机制，充分发挥行业协会等中介组织在信息交流、政策研究、标准制定、维护公平竞争等方面的作用；完善行业层面预警机制（卢毅、陈强、李华中，2013）。

（2）设立文化产业安全损害预警机制的权威部门。文化产业安全从产生到对社会产生负面影响，是一个从孕育、发展到扩大的过程。因此，设立文化产业安全损害预警机制的权威部门就显得非常有必要，这就需要构建国家文化安全管理系统和预警中心，建立和组成专门机构和人员来负责国家文化安全管理和预警的具体职责，对文化产业安全进行深入细致的跟踪观察、分析研究和有效应对。当前，中国文化产业缺少具体的管理部门来负责对文化产业安全进行测度与评估，在遇到文化产业安全问题时，缺乏权威部门的解读和具体部门来负责应对，长期下去必然会阻碍文化产业预警工作的顺利开展。亟须一个专门负责文化产业安全的部门来对文化产业全行业的安全状况进行跟踪调查、深入分析，在产业安全受到威胁时，及时评估、组织各种力量有效应对，并负责党和国家相关决策的贯彻实施。

（3）完善产业安全预警基础体系。加大投入，完善文化产业预警工作体系。重点建设预警信息采集体系、预警评价体系、信息发布体系、预警应对体系等。优化文化产业安全数据报送平台，利用大数据和国家商务部产业安全数据报送系统，对现有数据库进行扩容，建立文化产业安全综合数据库和分层分类预警平台，完善全国性的实时监测网络体系。构建科学的文化产业安全预警评价指标体系，优化预警评价模型。健全预警信息发布体系，建立预警信息发布平台和专项信息服务体系。建立文化产业预警应对体系，针对产业安全相关信息，制定应急处置工作方案、规则和方法。建立文化产业安全预警标准体系，制定产业安全预警指标、阈值标准。

（4）推进产业安全预警技术的研究。不断健全文化产业安全预警信息大数据建设，构建包含进出口贸易数据、国内行业生产数据、宏观数据、行业企业直报数据、国际竞争对手数据、专家智库数据等大数据。运用信息技术手段和数学理论模型，不断优化文化产业安全预警系统的精准度、灵敏度，开发符合我国国情的产业安全预警软件。

（5）建设文化产业安全预警专家队伍。组建一支"产、学、研"相结合的，由政府部门、研究单位、高校以及相关协会跨部门整合的，分工明确、协调配合的专业分析团队，精选优育，定期研讨。聚焦风险，针对文化产业安全预警中基础性、瓶颈性、苗头性问题迅速开展专项研究，以便提前预测，及时排除威胁，使得文化产业安全预警体系，成为维护国家安全的"报警器""预报台"和"瞭望塔"。

三、健全文化产业安全法律法规和政策体系

通过加强文化产业安全立法、完善文化产业安全相关法律制度和政策体系，来促进全方位的文化安全战略的实施，这不仅是推进文化产业安全建设的题中应有之义，也是深化文化体制改革的重要内容。在现阶段条件下，推动文化产业安全就必须要以维护国家文化与经济安全、产业安全、企业安全"三位一体"的安全预警保障体系为出发点，以三级监控即国家级（政府预警机构）、产业级（行业协会）和企业级（企业预警部门）为主体，制定实现文化产业安全预警体系的法律法规与政策措施。建立一套符合中国国情和国际惯例的贸易救济体系，在遵循世贸组织规则前提下，适度开放国内文化产业，合理合法保护国家文化产业。尽快修订完善包括《反垄断法》《反倾销法》等在内的有关产业安全保护的法律法规，使文化产业安全的界定和评价有法可依；依法加强文化产业管理，创造公平有序的竞争环境。完善知识产权保护体系，促进国家文化创新能力提升。结合文化体制改革，明确区分"文化事业"与"文化产业"，对重点行业实施分类保护，特别是对新闻出版、广播影视等涉及意识形态的行业。

1. 建立健全相关法律法规

为有效保障文化产业安全预警系统的高效运行，在现有关于文化产业安全发展的法律法规和政策的基础上，由文化产业安全管理部门借鉴国内外和

商务部对产业损害预警机制的建设经验,在现有法规体系的基础上,更进一步,提早布局,在法规设计中嵌入构建文化产业安全预警细则和制度性规定,通过法律形式确定我国文化产业发展的框架、原则、体制等基本制度。例如,公共文化服务保障法、文化产业促进法、国家勋章和国家荣誉称号法等与文化产业安全发展相关的法律法规,要尽快提出立法建议,组织、协调各方面力量抓紧研究起草。加快完善网络信息服务、网络安全保护、网络社会管理等方面的法律法规,依法规范网络行为,并在相关立法和规划中可嵌入建设文化产业预警系统的要素,系统构建与文化产业安全相关的法律制度。同时要推进各地区根据特点谋篇布局地区性法规体系,为国家文化产业行业立法提供支撑。

2. 完善文化产业安全发展的金融支持政策

加大金融业对文化产业发展的支持力度,推动文化产业发展与金融业发展的深度对接,培育产业发展新的增长点。完善文化产业安全发展的金融支持政策,以风险分担为原则,根据不同文化企业的实际情况,建立符合监管要求的灵活的差别化定价机制,实现对不同类企业、不同类业务的差异化支持。要鼓励建立文化产业风险投资基金,制定无形资产评估质押贷款等办法,为文化企业上市融资提供便利。根据文化产业发展的特点,制定文化产业类企业不良贷款呆账自主核销的办法与措施。鼓励发展针对文化产业的多层次资本市场,扩大文化企业的直接融资规模。中央和地方财政可通过设立文化产业发展专项资金、文化产业投资基金等,对符合条件的文化企业,给予贷款贴息和保费补贴,加强信贷政策和产业政策的协调。

3. 完善文化产业安全发展的税收优惠政策

税收政策是推动文化产业安全发展的重要策略,因此,要继续完善税收政策。要在国家促进科技进步和自主创新、促进科技成果转化方面的税收政策中全面纳入文化产业,完善文化产业发展的科技税收政策。对从事文化产业支撑技术等领域的文化企业,符合高新技术企业认定标准的,按15%的税率征收企业所得税;对开发新技术、新产品、新工艺产生的研究开发费用,允许在计算应纳税所得额时加计扣除。对相关文化产业企业按照简易计税办法计算缴纳增值税或者给予免征。进一步完善非营利性文化组织的税收政策，减轻其税收负担，促进公益性文化产业发展。

4. 创新文化产业安全发展的财政支持政策

财政政策与文化产业改革发展具有内在统一性，支持文化事业、文化产业发展是财政的重要职能之一。要充分发挥财政资金杠杆作用，综合运用项目补助、出口奖励、定向资助、财政贴息等政策措施，落实和完善文化产业发展政策。要按照完善财力与事权相匹配的财政体制要求，明确界定中央与地方文化产业发展的事权和支出责任。对维护国家文化安全、促进文化产业发展、加强文化遗产保护等涉及国家和民族全局性利益的事项，应该由中央财政承担主要的投入责任。同时，规范省级及以下地方政府财政文化投入责任划分，强化政府文化支出责任，强调把社会效益放在首位，实现社会效益和经济效益的统一。强化财政专项资金和基金政策的灵活性，多渠道拓宽文化产业资金投入来源，设立覆盖多领域、多层次的文化发展专项资金和基金，形成多样化和灵活化的财政专项资金和基金政策机制。建立健全财政投入激励约束和绩效评价机制，加强绩效管理，提高财政资金使用效益。

四、加快文化体制改革

在新形势下，为了适应经济社会快速发展与文化产业转型发展的要求，满足人民群众不断升级变化的文化需求，应对外部环境的挑战，提升文化产品和服务的供给能力和供给水平，需要加快文化体制改革。

1. 推进文化事业单位改革

由于我国国有文化企业绝大多数脱胎于事业体制，很多国有文化企业仍然作为行政附属物，政企不分、管办不分、多头管理、彼此分割、缺乏协调的问题依旧突出，对市场竞争的适应能力明显不足；同时，由于国有文化企业分散地隶属不同部门或单位，导致单个企业规模偏小、实力不强、市场占有率不高。在我国近3000家上市公司中，文化企业只有不到50家，营业收入过百亿元的文化企业还很少。而美国资产排名前400的企业中，文化企业有72家之多。因此，我国应当依据文化事业与文化产业的具体特点，加快推进文化事业单位改革，积极发展以国有资本为主导的混合文化经济，重新塑造文化市场上的微观主体，加快推进国有经营性文化事业单位的转企改制，进一步加大资产重组力度，坚持抓大、强中、扶小相结合，加快培育骨干文化企业，推动有条件的企业集团上市，扶持培育创新型小微文化企业。

2. 充分发挥市场在文化资源和要素配置中的基础作用

要通过市场的价格机制引导文化企业生产适销对路的文化产品，减少同质产品供给，更新产品开发理念、创意和内容，提高产品科技含量、文化价值、艺术品位；要健全利益分配机制和激励机制，实现主体行为在市场价值和社会价值之间的平衡，避免急功近利的粗制滥造，实现文化产品从注重"增量"到注重"提质"的转变。要根植于文化产业发展的实践，精细化整合各类政策，深层次、全要素、全方位促进文化产业创新驱动发展；打通文化产业结构转换的微观途径，推动要素配置结构转型，促进要素有序合理流动。实施文化产业投融资体制改革，要破除行业壁垒，降低文化产业社会资本的准入门槛，鼓励社会资本进入文化产业，建设"民企方阵"，构筑国家文化产业安全"长城"，营造我国文化产业生存发展的良性生态环境（王建平，2013）。要完善文化经济政策，扩大政府文化资助和文化采购的规模。

3. 转变政府职能，创新公共文化服务体系

政府要加大对公共文化建设的投入，落实共享理念，以财政专项资金等形式落实对文化产业提供支持，构建公共文化体系，促进文化产业在不同区域、不同人群间的平衡。要推动公共文化资源向基层和农村延伸，推动区域之间、城乡之间基本公共文化服务标准化、均等化，促进文化产业的区域协同、城乡一体；要将外来务工人员纳入城市公共文化服务体系，共享文化发展成果；要创新公共文化服务模式与服务方式，适度引入市场竞争机制，促进公共文化服务提供主体和提供方式多元化；鼓励有条件的地方政府为困难

群众和外来务工人员的文化消费提供适当补贴，鼓励网络文化运营商开发更多低收费服务。

4. 创新文化产业发展的微观机制

要推动文化企业的跨区域、跨行业、跨所有制兼并重组；加大政策支持力度，促进文化资源、文化要素不断向优质企业、优势产业门类集聚。要进一步破除行业壁垒，为民间资本进入文化产业提供更多的便利。

支持企业创新，借鉴发达国家经验，加大科研投入，形成基于国家、地方、企业和其他机构与个人的多方位、多层次研发体系，增强企业科技实力。鼓励企业管理创新；大力发展本土文化产业，推动文化产业结构优化升级，培育新型文化业态。

五、适度加大文化产业开放力度

要突出开放引领理念，用好国际国内资源，广泛参与世界文明对话；要审慎矫正和积极引导文化产业发展方向，激发和传递文化自信；要讲好中国故事，传播中国声音，丰富和完善世界对中国文化的印象；要抓住"一带一路"倡议机遇，加快发展文化贸易，支持重点文化企业的海外投资项目，显著提升中国文化产业国际影响力和竞争力。要基于自身优势，在演艺、影视、动漫、出版、新媒体等领域培育一批富有中国特色或中国元素的国际知名品牌，提升文化产品的中国内涵、中国韵律，提升中国文化产品在国际上的辐射力和影响力。通过承担重大工程、重点项目等形式，引导、支持、培育一批"走出去"的知名文化品牌、骨干文化企业和有国际竞争力的跨国文化企业集团。在国际产业分工中，突破技术、市场和资源"瓶颈"，主动加入世界高端文化产业、高附加值文化产品的国际竞争之中，提升产业国际竞争力（宇文博，2014）。争取使中国的文化产品不但能够"走出去"，而且能"走进去"（周凯，2016）。创新文化"走出去"模式，全方位、多层次、宽领域开展文化交流与合作，努力提升中华文化国际影响力，突出中华文化的感染力、表现力、传播力，赢得话语权与影响力。

六、加快文化产业供给侧改革

当前文化产业各种问题产生的根源在于其供给侧的结构性失衡。文化产业供给侧结构性改革的关键在于牢固树立和贯彻创新、协调、绿色、开放、共享的新发展理念，用足市场的无形之手，用好政府的有形之手，释放产业发展的内生动力，促进产业的跨界融合，实施双向开放，加大文化产业的供给侧改革力度。从而提升文化产业的发展活力、内生动力和整体竞争力，实现文化影响力和经济影响力间的平衡。具体来说，可以采取以下措施：

1. 提升供给品质，引领文化消费需求

要健全利益分配机制和激励机制，实现主体行为在市场价值和社会价值之间的平衡，避免急功近利的粗制滥造，实现文化产品从注重"增量"到注重"提质"的转变；要扶持优秀文化作品创作生产，推出更多人民喜爱的精品力作，释放城乡居民文化消费潜力；要引导文化产品和服务的创新创造，提高作品原创能力，增强作品的吸引力和感染力；要把休闲娱乐同正能量相融合，产生文化上的精神共鸣，凝聚推动社会发展进步的力量。

2. 优化资源配置，促进产业结构升级

要培育新型主体，鼓励民营企业依法进入更多文化领域，构建适应市场机制的市场主体结构；要进一步加大资产重组力度，坚持抓大、强中、扶小相结合，加快培育骨干文化企业；要推动要素配置结构转型，打通文化产业结构转换的微观途径，促进要素有序合理流动。

3. 拓展发展空间，加快产业跨界融合

要推进文化产业与制造业、旅游业、体育产业、现代农业、纺织服装业等产业的跨界融合和相互嵌入，实现文化产业的全链条发展，放大倍增效应；要鼓励企业主体进行文化业态创新，探索文化新业态集群式发展、创新链和产业链互动结合的新模式；要积极开发以互联网、大数据为技术手段的新兴文化市场，加快"文化＋信息"融合发展。

4. 创新制度供给，完善市场运行机制

要根植于文化产业发展的实践，精细化整合各类政策，深层次、全要素、全方位促进文化产业创新驱动发展；要破除行业壁垒，降低文化产业社会资本的准入门槛，鼓励金融资本、社会资本与文化资源相结合。要完善人才评价、管理机制，培育文化产业从业者的"工匠精神"，营造优秀文化人才脱颖而出、快速成长的良好局面；同时要创新管理，确保正确舆论导向，确保文化产业活得好、走得正。

第二节 行业协会层面

文化产业行业协会是联系政府管理机构与文化企业的桥梁和纽带，有效发挥行业协会职能对文化产业安全、文化产业发展、文化市场管理有着积极而重要的意义。

一、积极参与文化产业预警机制建设

虽然前面提到要发挥政府在文化产业预警机制建立过程中的主导作用，但由于政府相关部门的资源有限，政府不可能包揽预警机制的建立和实施；由于行政体制的限制，单纯依赖政府的效率也比较低下。行业协会一方面能够减轻政府部门的工作压力，另一方面也能够通过发挥行业协会的作用，提高政府决策执行效率。在构建文化产业安全预警机制的过程中，行业协会的优势和作用在于与企业联系密切，能够及时获得行业企业的发展动态信息。其发挥功能的领域：

1. 参与文化产业预警机制方案的制定

行业协会可以在确定本地区、本行业监测产品目录，监测指标，监测企

业名单，产业专家名单等方面发挥信息优势，并且参与本地区、本行业产业安全预警机制的编制，承担开展本地区、本行业产业安全预警机制的培训工作。

2. 有效监测潜在的损害

行业协会可以及时监测本地区、本行业最新的反倾销、反补贴、保障措施申、应诉动态和企业预警信息，并进行分析和评估，利用自身的信息网络及时向行业企业和政府部门发布潜在的损害信息，有利于企业和政府及时采取相应措施。

3. 协助企业采取相关应对措施

在文化产业预警机制实施过程中，积极配合政府协调工作，积极帮助企业采取措施，为行业企业提供指导以应对可能存在的不安全因素。

二、促进文化企业发展

1. 完善信息服务职能

鉴于单个企业对信息收集的渠道有限，而且成本较高，行业协会在收集、整理、传递信息方面具有比较优势，这些信息既包括生产销售方面的信息，也包括技术变化、国家政策、国内外市场变化等方面的信息。行业协会可将收集到的信息进行整理、统计分析后，传递给协会的企业会员，既有助于行业企业采取相应的策略来提升行业企业的创新能力和竞争力，也有助于行业企业积极应对可能存在的风险。此外，行业协会还可以积极组织形式多样的企业之间、政企之间的对接交流，积极向政府部门建言献策，反映会员企业各种诉求，从而促进文化企业的健康安全发展。

2. 完善咨询服务职能

文化行业协会可以为行业企业的经营管理提供咨询，提高企业管理效率和企业综合竞争力。尤其是在文化产业体制改革不断推进及产业转型发展的敏感时期，文化行业协会更应该积极为企业开展管理咨询、技术改造、质量管控、投资融资等方面的咨询服务。行业协会利用自身优势在介绍政府扶持措施、交流产业环境信息、听取业界反馈等方面也具有先天优势。同时，行业协会可以通过与教育管理部门、高校等单位的交流沟通，促进国内有关高校设立相关专业，优化课程设置和师资配备，加快培养专门从事文化产业国际推广和市场运作的中高级人才，为我国文化企业提供有力的人才支撑。

3. 加大职业培训力度

文化企业的发展尤其依赖人的创造和创新能力，对文化企业"人"的管理又不同于一般企业员工的管理，因此，行业协会可以加大职业培训力度，进一步为行业内企业提供专业技术、管理培训，以推动行业技术、企业管理的升级与发展。一般地，行业协会组织培训的成本较低、效率更高，有利于协会内部不同企业之间的交流和信息沟通，促进信息和技术在企业间的流动和共享。

三、强化服务职能

文化行业协会是政府与企业之间重要的沟通桥梁。一方面，检查、督促行业企业对政府相关法规与政策的贯彻程度，有利于规范行业企业的市场行为，从而促进行业企业资源的有效配置。另一方面，文化行业协会代表着行业企业的利益，可以利用自身的整体实力积极向政府建言献策，传递行业企业的心声，提高政府行业管理水平，及时建议政府修改相关规定。行业协会也可以利用自身优势，牵头建立多部门信息沟通机制，搭建文化产业投融资服务平台；牵头建立文化企业投融资优质项目数据库，通过组织论坛、研讨会、洽谈会等形式，加强文化项目和金融产品的宣传、推介，促进银、政、企合作，从而在微观层面维护与促进文化产业的发展与安全。

行业协会可以通过对企业的服务来协调企业行为。行业协会可以根据政府的总体文化产业发展规划、市场发展动态等，对行业内企业的产品结构、生产计划提出建设性意见，协调企业的市场行为，从而减少单个企业的运营成本，促进企业与政府的高效沟通。

第三节 行业企业层面

一、积极参与文化产业预警体系建设

积极参与文化产业预警体系建设，突出主体责任。行业企业是文化产业预警体系建设不可或缺的主体。除了政府和中介组织以外，产业安全预警体系的最终目标是各文化产业相关企业。企业参与行为的改变是文化产业预警机制能够有效实施和取得实效的最重要条件。行业企业要及时向政府相关部门和行业协会提交相关数据，确保文化产业发展动态监控的落实，确保文化产业统计资料的准确性、及时性，积极贯彻落实政府的各类预警应对措施。

提高风险处置能力，突出主体职能。组织行业专家、相关机构制定产业安全应急处置工作方案和操作手册，以提高风险处置能力。并在有可能爆发产业潜在风险时，采取措施积极应对、分类处置，并借助体系化的安排，及时处置涉及文化产业安全的重大冲突，在产业安全风险发生的第一时间采取有效措施，以控制风险扩散和蔓延。

二、提升企业的自主创新能力、提高竞争力

文化企业赢得竞争优势的关键之一就是创新。文化产品与服务的竞争力也就是实现产品的"差别化"，而这也是市场竞争的实质。"差别化"的来源之一就是创新，文化产品和服务的创新不仅是技术创新，更是内容创新、形式创新。创新也是提升企业竞争力的驱动力。

1. 规范与完善企业运行程度

在企业内部，要建立可以调动企业创新所需的各种资源平台，同时又能够对企业创新工作各方面、各环节的组织系统进行协调管理与实施。建立适合文化产业特点的创新运行程序使得创新项目能够高质量、高效率的运行。完善支持企业创新的各项管理制度。通过完善信息管理、决策管理、计划管理、费用和投资管理等核心管理制度，协调创新各要素与各环节的有效衔接，从而提高企业创新的整体能力。

2. 建立行之有效的创新激励制度体系

文化产业是一个知识密集型产业，需要人脑创意与科学技术相结合。文化企业的创新与内部创新人员工作的努力程度密不可分。因此，对员工的激励显得尤为重要。制定适合的激励机制是激发员工创造力的关键。可以在工资、奖金、提成等传统激励方式的基础上，探索年薪制、以文化知识入股等激励手段来激发员工的创新动力。避免急功近利的粗制滥造，从而推出更多人民喜爱的精品力作，提高作品原创能力，增强作品的吸引力和感染力，实现文化产品从注重"增量"到注重"提质"的转变。

3. 努力提高企业自身的核心竞争力

文化企业的产品竞争力是文化产业安全的基础。文化企业要加强不同产业间的交互融合和相互嵌入，要准确选择文化产业与相关产业的切入点、结合点、增效点及其内容，实现文化产业的全链条发展，创造富有吸引力、竞争力、生命力的新业态和新产品，放大倍增效应，派生更多产业发展的新引擎；积极探索文化产业新兴业态的集群式发展，加大创新链和产业链的互动融合。在产业外延不断拓展和全产业链延伸的基础上，推动企业创新发展，提升企业核心竞争力。

三、整合文化资源推动产业升级

1. 跨地区重组提升文化产业集中度

通过文化企业的跨地区重组打破目前文化资源条块分割的现状，进而增强产业竞争力。可利用原有企业资源并发挥地区优势，在一定范围内扩大规模、提高效益。例如，以省级电视台为核心，组建省级电视产业集团。促进文化资源、要素向优质企业、优势产业集聚。

2. 跨行业重组推进文化企业多元发展

适当的跨行业经营有助于文化产业中的传统媒体摆脱过分依赖广告经营收入的局面，推动企业利润来源的多元化、形成新的利润增长点，为企业的持续发展打下良好基础。文化企业要准确选择文化产业与相关产业的切入点、结合点、增效点及其内容，实现文化产业的全链条发展，创造富有吸引力、竞争力、生命力的新业态和新产品，放大倍增效应，派生更多产业发展的新引擎；要推进文化业态创新，大力发展创意文化产业，探索文化新业态集群式发展、创新链和产业链互动结合的新模式。在产业外延不断拓展和全产业链延伸的基础上，推动文化产业发展模式从单一创新模式向综合创新生态体系延伸。

3. 坚持企业走出去战略

企业是中国文化走出去的主体。文化企业要从自身的优势出发，积极参与国际文化交流与合作，有条件的企业要坚持走出去战略，重视"讲好中国故事"，突出产品的中国特色和中国元素，提升产品在国际上的辐射力和影响力，从而提升中华文化国际影响力，提高中华文化的感染力、表现力、传播力，赢得话语权与影响力，丰富和完善世界对中国文化的印象。

4. 积极适应"互联网+"时代

积极适应"互联网+"时代的新形势、新要求，推进"互联网+文化"步伐，加速推进文化资源数字化转换，大力建设数字出版、数字媒体、网络演出等数字化供给平台，完善公共文化服务"物联网"配送模式，注意加强商业模式创新。在当前"互联网+"背景下产生的新业态和新生产模式，在生产要素资源配置中发挥了优化和集成作用，同时，传播渠道的拓宽也推进了文化产业自身结构的战略性调整，在文化产品的创作、生产制作和营销传播等多个环节中整合多方资源，加强互相协作。

结　　语

　　文化产业是 21 世纪的朝阳产业。近年来，我国文化产业迎来了前所未有的良好机遇，并得到较快发展，但在经济全球化趋势下，我国文化产业发展整体仍相对滞后，国际竞争力不强，同时又面临诸多安全威胁和风险。从国家经济发展、经济安全、文化安全以及国家安全的战略高度来看，构建高效的文化产业安全预警体系，是一项维护文化产业安全的基础性、前瞻性工作，是现阶段亟须解决的重要问题，对国家经济安全、国家安全具有重要意义。

　　美国、英国、法国、日本、韩国等发达国家的文化产业发展水平是我国文化产业未来的发展方向，其相关促进本国文化产业安全的支持政策、法规为我国文化产业安全提供了诸多借鉴；但同时，发达国家对我国的文化侵略和意识形态输出也应引起高度重视和警惕。

　　所谓文化产业安全，是指在开放的经济社会条件下，一国文化产业稳定、均衡、持续发展的能力不受威胁或损害的状态，包括文化产业生产要素占有权安全、产业生产要素收益权安全、产业生产要素使用权安全、产业生产要素处分权安全等四个方面，其实质就是文化产业市场安全和文化产业内容安全，也就是文化产业的经济维度安全和意识形态维度安全。

　　文化产业安全预警体系，主要通过对文化产业安全预警信息的监测、量化分析、跟踪、预报、预警处理等，建立起早期的科学预警模型，完善预警机制，对文化产业、文化市场流动趋势、市场威胁等可能危及国家文化产业意识形态安全、经济安全的关键因素进行识别，并及时准确地预报、警示，启动相应的应急处理机制。文化产业安全预警体系基本功能模块主要包括信息采集系统、预警分析系统、应急反应系统。

　　信息采集系统是整个文化产业安全预警体系能够有效运行的基础，主要是通过政府相关部门、行业协会、第三方机构等对文化产业运行情况进行实时监测，为预警体系分析评价提供准确的预警数据信息。文化产业安全信息采集系统的信息采集，应围绕文化产业安全预警评价指标，同时必须建立一套有效的运行机制和运行模式，以保证信息采集的及时、规范和有效。

预警分析系统是整个文化产业安全预警体系的核心和关键，主要利用采集的数据信息，对潜在的文化产业安全风险发生的可能性进行量化、分析、判断，为预警反应系统提供科学依据。科学的产业安全评价体系和评价方法，将有助于对我国文化产业安全进行适时、动态地监控和预警评价。文化产业安全评价工作既有一般性的产业安全评价共性，又区别于一般的产业安全评价。文化产业安全预警评价体系是文化产业安全预警体系的核心。文化产业安全预警评价必须综合考虑文化产业控制力、文化产业竞争力、文化产业发展环境等多方面因素，必须兼顾社会效益维度安全和经济效益维度安全，必须具体到细分行业。

预警反应系统是整个文化产业安全预警体系的主要保障，其主要功能是根据预警分析结果，通过预测、预报、警示以及调控等应对措施，进行适时的预警反应，以对文化产业发展进行有效安全防控。应急反应系统的建立要结合发达国家经验，从经济、法律、市场、行政等层面建立应急反应机制，包括预测、预报、警示、调控、信息报告、信息发布、应急方案等，以便按预警分析评价结果进行预警应对，从而保证文化产业足够的竞争力以及该国对文化产业的控制权，使其能够应对各种生存和发展威胁，从而使本国（地或区）文化产业保持可持续发展。

文化产业安全要受到多种因素的影响，主要包括产业结构影响因素（如国际产业转移、国际投资、产业国际贸易以及社会需求与资源供给结构等）、产业布局影响因素（如市场环境变化、国家政策导向、人力资源、国际国内政治环境、科技发展等）、产业组织影响因素（如行业规模经济性、市场集中度、跨国公司策略行为、国家行政壁垒等）、产业政策影响因素（如政府决策能力、产业政策决策机制的有效性、文化产业政策信息的及时性与充分性，以及产业安全预警体系完备性等）。科学把握这些影响因素及其具体影响作用机制，可以有效监控、预测文化产业安全度的变化、波动，以有效保证文化产业安全。

  由于文化产业安全预警体系的复杂性、动态性，文化产业安全预警体系的有效构建，不仅要有完整的预警体系框架，还必须要有与之相应的有效运行机制和服务保障机制。预警体系的构建需要从宏观（政府）、中观（行业协会）和微观（企业）三个层面整体推进。

  本书仅对文化产业安全预警体系相关问题进行粗浅探索，以期为后续相关研究提供参考、借鉴，并期待更高水平的成果。由于水平有限，不足之处，恳请各位专家和同行进行批评、指正。

附　　录

我国网络新媒体产业安全评价研究

信息网络以及通信技术的迅猛发展将传媒行业带入了一个崭新的网络新媒体时代。作为一种新兴传播形式，网络新媒体因其内容丰富、渠道广泛、覆盖率高、成本低廉、传播精准化等特点在传媒产业中占据越来越重要的位置，被形象地称为"第五媒体"，网络新媒体的信息承载量、传播速度以及传播内容的多样性大大超越了传统媒体。网络新媒体在迅猛发展的同时，其安全问题也越来越成为政府和民众关注的焦点（韩志国，2006）。由于网络新媒体的虚拟性、互动性、快捷性和开放性，为不同意识形态扩大自身影响力提供了场域、便利和可能，"文化殖民主义"势力抬头，网络新媒体行业的安全问题越来越突出（白榕，2009）。

一、网络新媒体产业发展现状

（一）网络新媒体的技术支撑体系日益成熟

网络新媒体的出现是以数字信息技术的发展为基础，技术支撑体系日益成熟是新媒体发展的先决条件。当前，中国网络新媒体发展所面临的技术支撑体系已经日益成熟，特别是在通信领域，技术支撑条件整体上与国际发展水平相当，在某些领域甚至领先于国外发达国家（唐大麟、王文宏，2010）。

(二) 新媒体的终端已经相当普及

随着中国网民规模和互联网普及率不断提升（见图1），网络新媒体的终端设备已经非常普及，使得任何媒体传播都没有网络新媒体传播的条件好。特别是移动互联网的微博、微信、微视频、客户端迅速发展。网络新媒体传播的内容正在日益丰富，给用户带来了精神享受，网络新媒体的市场规模也在迅速拓展，产业规模在逐年扩大（兰晓晟，2010）。网络新媒体的两大板块移动媒体和网络媒体都实现快速增长。根据《中国互联网发展状况统计报告》，到2016年6月，中国网民数量达7.10亿，互联网普及率达到50.6%；到2016年6月，中国手机网民数量达6.56亿，市场渗透率提升到92.5%，在超越PC网民数的基础上进一步扩大了和PC网民数的差距，手机在上网设备中占据了主导地位。

图1 2012—2016年我国网民规模和互联网普及率

(三) 网络新媒体的影响力与日俱增

以微博、微信和新闻客户端为主体的"两微一端"迅速发展（陈建金等，2016）。根据第38次全国互联网发展统计报告，截至2016年6月，QQ空间、微信朋友圈等以即时通信工具为基础衍生出的社交服务，使用率分别为67.4%和78.7%。微信成为网民获取新闻资讯的重要来源，根据《微信数据化报告》公布的内容，到2016年2月，微信公众号数量已超过1000万个。新媒体指数监测数据表明，2015年，微信传播力指数排名前1000的微信公众号，平均每个发文量高达 2000 多篇，公众点赞总数达到 5.1 亿次，总阅读量超过 814 亿人次。

二、网络新媒体产业安全的定量评价

（一）评价指标体系

这里应用前文构建的产业安全评价指标体系，结合网络新媒体产业特点，构建一套网络新媒体产业安全评价指标体系，评价指标体系主要包括经济效益安全和社会效益安全两个维度。在指标选择时，主要遵循系统性、相关性、可获得性等原则。

表 1 评价指标体系

一级指标	二级指标	指标定义、测度及说明	指标属性
网络新媒体产业竞争力生成能力（X1）	核心专业人才增长率（X11）	网络新媒体产业需要的核心专业技术人才供给增长率	客观指标
	自主知识产权占比（X12）	网络新媒体产业的自主知识产权占比＝本产业自主知识产权数量/本产业全国知识产权总数量×100%	客观指标
	网络新媒体产业集中度（X13）	网络新媒体产业里前 10 名公司的销售额与本产业的总销售额比重	客观指标
网络新媒体产业发展环境（X2）	国内产业政策环境（X21）	政府相关政策对网络新媒体产业发展的支持程度。1＝很低；2＝较低；3＝一般；4＝较高；5＝很高。	主观指标
	市场需求规模（X22）	网络新媒体产业的国内市场需求规模	客观指标
	市场需求增长率（X23）	网络新媒体产业的国内市场需求增长率	客观指标
	产业融资环境（X24）	网络新媒体产业资本效率指利润额与成本费用额比值	客观指标
网络新媒体产业控制力（X3）	外资品牌占有率（X31）	网络新媒体产业外资拥有的媒体品牌数/本产业总品牌数	客观指标
	外资经营决策权控制率（X32）	单个网络新媒体公司外资股占比权超过 50%，为外资控股，比例越高，国内网络新媒体产业的发展受外部因素影响的程度就越高，就越不安全	客观指标

续表

一级指标	二级指标	指标定义、测度及说明	指标属性
网络新媒体意识形态安全度（X4）	网络新媒体的政治性安全度（X41）	网络新媒体产业发展过程中，下列情况的程度：损害国家荣誉和利益；煽动民族仇恨、民族歧视，破坏民族团结；散布谣言，扰乱社会秩序，破坏社会稳定；危害社会公德或者民族优秀文化传统。 1＝很低；2＝较低；3＝一般；4＝较高；5＝很高。	主观指标
	网络新媒体的法律性安全度（X42）	网络新媒体产业发展过程中，下列情况的程度：违反宪法所确定的基本原则；煽动抗拒、破坏宪法和法律、行政法规实施；容易使人曲解和误解法律、法规的信息；含有法律、行政法规禁止的其他内容，散布淫秽、色情、赌博、暴力、凶杀、恐怖或者教唆犯罪泄露国家秘密；颠覆国家政权；破坏国家统一、主权和领土完整。 1＝很低；2＝较低；3＝一般；4＝较高；5＝很高。	主观指标
	网络新媒体的隐私性安全度（X43）	网络新媒体产业发展过程中，下列情况程度：侮辱或者诽谤他人，侵害他人合法权益；未经同意擅自获取、更改、发布他人隐私；窃取、擅自发布商业秘密。 1＝很低；2＝较低；3＝一般；4＝较高；5＝很高。	主观指标

运用层次分析法对产业安全评价指标权重进行赋值，为了避免层次分析法计算的主观性，并用熵权法对指标权重进行修正，得到指标权重（见表2）。

表2 网络新媒体产业安全评价指标权重

一级指标	二级指标
网络新媒体产业竞争力生成能力（X1）（0.2000）	核心专业人才增长率（X11）（0.0611）
	自主知识产权占比（X12）（0.0612）
	网络新媒体产业集中度（X13）（0.0777）
网络新媒体产业发展环境（X2）（0.2500）	国内产业政策环境（X21）（0.0521）
	市场需求规模（X22）（0.0753）
	市场需求增长率（X23）（0.0628）
	产业融资环境（X24）（0.0598）
网络新媒体产业控制力（X3）（0.1500）	外资品牌占有率（X31）（0.0841）
	外资经营决策权控制率（X32）（0.0659）
网络新媒体意识形态安全度（X4）（0.3000）	网络新媒体的政治性安全度（X41）（0.1361）
	网络新媒体的法律性安全度（X42）（0.0837）
	网络新媒体的隐私性安全度（X43）（0.0802）

（二）评价模型

1. 评价指标警限设置

参考相关文献，将网络新媒体产业的安全状态划分为非常安全、相对安全、临界状态、不安全、危机五种状态类型，相应的取值范围为（80，100]、(60，80]、(40，60]、(20，40]、[0，20]，得分越高，说明网络新媒体产业安全度越高。并设定其相应的安全等级分为 A、B、C、D、E。

2. 数据来源

本书的数据主要来自《中国新媒体发展报告》（2010—2016），X21、X41、X42、X43 等主观性指标数据运用专家评判的方法进行赋值得到。对部分缺失的数据，通过查阅国家新闻出版广电总局、国家统计局等官方网站进行补充。

3. 指标数据标准化

标准化计算公式为：$X_i = \frac{(x_i - x)}{Q^2}$；$x_i$ 为原始数据，x 为平均值，Q^2 为方差，X_i 为标准化后数据。指数法的计算公式为：$X_i = \frac{x_i}{x_{0i}}$，x_i 为原始值，x_{0i} 为最大值，X_i 为指数。阈值法的计算公式为：$X_i = \frac{(x_i - x_{\min})}{x_{\max} - x_{\min}}$；$X_i$ 为转换后的值，x_i 为原始值，$x_{\min}$ 为样本最小值，$x_{\max}$ 为样本最大值。

4. 综合评价

这里借鉴国际权威机构 IMD 和 WEF 多指标测度评价时使用的方法，对网络新媒体产业安全进行综合评价。

网络新媒体产业安全评价模型：

$$S = \alpha_1 \sum a_m x_m + \alpha_2 \sum b_n y_n + \alpha_3 \sum c_i z_i + \alpha_4 \sum d_j w_j \tag{3}$$

其中 $\alpha_1+\alpha_2+\alpha_3+\alpha_4=1$，$\sum a_m=1$，$\sum b_n=1$，$\sum c_i=1$，$\sum d_j=1$

S 是网络新媒体产业安全总评价值；x_m，y_n，z_i，w_j 代表相关的一级指标；a_m，b_n，c_i，d_j 代表相应指标的权重值；α_1，α_2，α_3，α_4 是各级指标的系数。

根据 S 的结果，可参照评价指标警限设置（见表3）。

表3　网络新媒体产业安全度综合评判标准

评价值	[0, 20]	(20, 40]	(40, 60]	(60, 80]	(80, 100]
安全状态	非常危险	危险	基本安全	安全	非常安全
等级	E	D	C	B	A

（三）评价结果

2010—2015年中国网络新媒体产业安全测算结果如表5和图2。总体上看，中国网络新媒体产业安全状况在不断改善，安全评价得分在上升。2010年中国网络新媒体产业安全度得分为42.66，期间始终处于增长状态，发展潜力较大，2014年分值最高时达到51.42，但仍处于基本安全的前期阶段，依然没有达到安全状态。说明在中国政府大力支持下，中国网络新媒体产业得到快速发展，产业安全整体发展趋势向好，但产业基础较差，尚未达到产业发展的安全状态，为了保障网络新媒体产业持续健康发展，其产业的安全问题不容忽视。

从各项细分指标来看，2015年，整体上在80分以上的指标包括核心专业人才增长率、国内产业政策环境、产业融资环境等指标，得分在60分以下的指标包括网络新媒体产业集中度、外资品牌占有率、外资经营决策权控制率、网络新媒体的政治性安全度、网络新媒体的法律性安全度和网络新媒体的隐私性安全度。说明近几年虽然中国网络新媒体意识形态安全的得分整体上在不断提升，但形势依然严峻。

表 4　网络新媒体产业安全评价二级指标测算结果

年份	2010	2011	2012	2013	2014	2015
核心专业人才增长率	72.45	74.82	76.73	78.16	79.24	81.03
自主知识产权占比	55.38	57.43	58.19	59.24	60.11	61.15
网络新媒体产业集中度	24.25	31.82	38.23	42.72	49.37	58.21
国内产业政策环境	72.12	73.19	74.36	78.31	79.46	81.82
市场需求规模	63.71	65.81	67.98	69.43	70.27	74.63
市场需求增长率	45.82	48.52	49.95	53.61	56.93	61.72
产业融资环境	73.26	76.89	84.64	86.38	88.15	90.37
外资品牌占有率	35.63	36.27	35.28	34.17	34.39	33.26
外资经营决策权控制率	45.84	46.27	46.25	46.81	46.36	46.95
网络新媒体的政治性安全度	34.61	35.63	47.21	49.53	51.34	56.86
网络新媒体的法律性安全度	34.67	38.29	40.54	46.66	47.39	49.26
网络新媒体的隐私性安全度	43.81	45.26	46.63	46.74	48.40	49.32

表 5　中国网络新媒体产业安全测算结果

年份	2010	2011	2012	2013	2014	2015
网络新媒体产业安全度得分	42.65664	44.7769	47.98441	49.91417	51.41704	50.00611
网络新媒体产业安全状态	C	C	C	C	C	C

三、网络新媒体产业发展存在的问题

（一）外资品牌占有率过高

过去的十多年里，随着中国网络新媒体产业的发展，外资也纷纷进入中国网络新媒体产业，逐步从资本层面控制了中国网络新媒体产业的各个领域（见表6），导致国外资本控制度过高、外资依存度过高和外资控制面过广等问题。将可能产生如下负面影响：国外资本控制度过高，我国网络新媒体产业将存在巨大的经济安全风险，大量利润流向国外资本所有者；外资依存度

网络新媒体产业安全得分

图 2 中国网络新媒体产业安全变化态势

过高,网络新媒体产业运行将高度依赖国外资本,对网络新媒体产业的安全运行带来潜在威胁;外资控制面过广,很容易控制网络新媒体的舆论导向;外资控制程度过深,给国民经济带来潜在隐患。而且这些具有外资背景的企业,近年来仍然在不断扩张。例如,2015年,阿里巴巴在泛传媒产业、OTO、电子商务等互联网产业进行全线布局,扩张速度呈加速态势(见表7)。

表6 中国有外资背景的电子商务互联网企业榜单

序号	被投资公司名称	外资风险投资公司
1	阿里巴巴	日本软银、美国雅虎
2	慧聪网	IDG
3	万网	SYNNEX
4	中国网库	富基旋风
5	淘宝网	日本软银、美国雅虎
6	TOM易趣	美国EBAY
7	卓越	亚马逊
8	当当网	华登国际、DCM
9	红孩子	北极光、NEA、凯鹏华盈
10	乐友	永威

续表

序号	被投资公司名称	外资风险投资公司
11	宝宝树	经纬创投
12	九钻网	美国 KPCB、启明创投、RAPAPORT
13	珂兰钻石网	美国某上市公司
14	PPG	TDF、JAFCOAsin、KPCB
15	VANCL	启明创投、IDG、软银赛富等
16	手机之家	PacificNet
17	北斗手机网	IDG、高原资本等
18	京东商城	今日资本、雄牛资本、亚洲著名投资银行家梁伯韬私人公司
19	莎啦啦	IDT
20	饭统网	日本亚洲投资、伊藤忠商事株式会社、CA-JAIC 基金

资料来源：《中国互联网外资控制调查报告（2015）》。

表7 2015年阿里巴巴投资的互联网企业

1	泛传媒产业	华人文化控股
2	泛传媒产业	第一财经传媒有限公司
3	泛传媒产业	南华早报
4	泛传媒产业	光线传媒
5	泛传媒产业	优酷土豆
6	OTO	58到家
7	电子商务	Snapdeal
8	电子商务	Zulily
9	电子商务	苏宁云商
10	电子商务	魅力惠
11	网络安全	韩海源
12	硬件	魅族科技
13	硬件	Micromax
14	社交	Snapchat
15	交通物流	圆通速递
16	其他	One97

资料来源：根据阿里巴巴财报资料整理。

(二) 网络意识形态安全存在隐患

网络新媒体是一种开放的网络结构，西方发达国家利用网络媒体的信息传播优势，凭借雄厚的资本、先进的营销理念通过网络新媒体向中国民众输出大量文化产品，这些文化产品中植入了大量附带西方政治理念和价值观念的信息，民众在消费这些文化产品的时候，可能会被这些西方的意识形态洗脑，部分输入的文化产品甚至带有反华舆论（蔺烈，2017）。西方发达国家的这种文化侵略带有巨大的危险性和潜伏性，能够逐步削弱、瓦解甚至重塑消费者的价值观念和生活方式，能够破坏我国民族文化的凝聚力，影响其自主独立的发展。网络新媒体以其便捷、多元、开放、交互等特点，为社会民众参与政治生活提供了新平台和途径，但由于网络新媒体的舆论监督引导难度较大，加之缺乏有效的规范、引导和控制，一些所谓的网络舆论领袖为了获得关注度，通过发表激化社会矛盾的言论和标新立异的观点，极容易引起极端非理性舆论的爆发。长此以往，将对我国的意识形态安全构成严重威胁（周珂、韩佳佳，2013）。

(三) 网络新媒体信息内容安全堪忧

在网络新媒体海量信息传播的背后，经常充斥着大量的低俗信息，网络色情也随着网络新媒体多样化的发展而日益泛滥，其主要表现形式从最初的色情小说与图片、到后来的色情电影和视频裸聊等（程丹，2016）。其中，色情小说和淫秽图片在网上几乎随处可见，这一点连国内一些著名的门户网站（如百度）也经常中招。专门的色情网站和视频裸聊也经常在网络新媒体中出现，通过各种隐藏的渠道传播，网民如果无意中点击到，大量低俗图片视频就会跳出，很多网络新媒体使用者深陷其中而不能自拔，进而损害生理健康和身心健康，尤其是对青少年网民。同时，为吸引眼球，一些低俗的文化恶搞类内容在网络上屡禁不绝，虽然刚开始是以娱乐为目的，最后会逐渐使得人们丧失深刻反思的能力。

(四) 网络新媒体的隐私性安全引起广泛关注

网络新媒体的开放性在给我们生活带来极大便利的同时，也为违法分子窥探、收集、传播个人信息提供了便利，网络新媒体方面的安全事件频发，其中骚扰电话、病毒和垃圾短信是其三大元凶（谭艳，2017）。中国互联网络信息中心的调查表明，95.9%的手机用户遇到过手机信息安全事件。《2015年中国手机网民网络安全状况报告》中的相关数据显示，近年来手机信息安全事件数量呈显著增长趋势。一方面，骚扰类安全事件的用户覆盖率很高，75%以上的用户都受到诸如骚扰、广告电话和广告违法短信的侵害，虽然这些事件可能不会给用户带来直接经济损失；另一方面，用手机病毒和恶意软件来获得用户信息的事件越来越多，而且手段越来越隐蔽，很多用户在被盗取个人信息之后甚至不知道。

如图3数据显示，盗窃信息、电信网络诈骗这两种犯罪形式占网络犯罪总数九成以上，且所占比例呈逐年上升趋势。

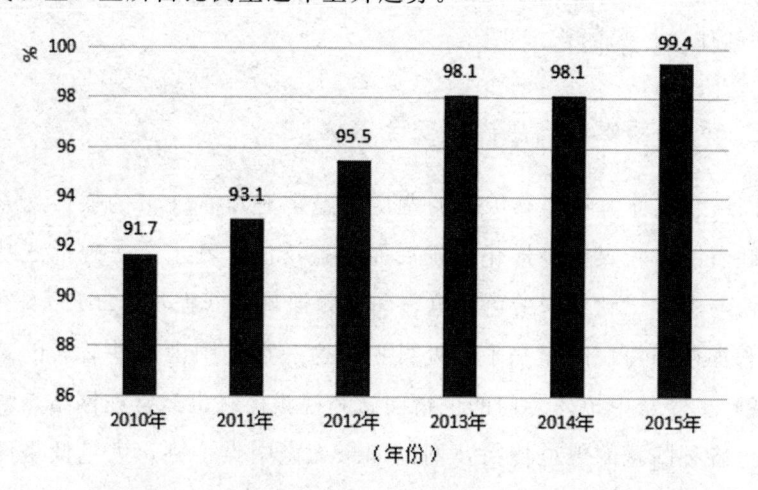

图3 2010—2015年盗窃信息、电信网络诈骗占网络犯罪的比例
数据来源：《2016年网络诈骗趋势研究报告》。

四、网络新媒体产业安全的提升对策

(一) 建立网络新媒体产业安全监测和预警系统

类似其他产业的安全预警系统，网络新媒体产业的安全预警系统首先就要建立完善的网络新媒体产业安全信息采集系统和采集机制，及时有效的采集网络新媒体产业发展和安全信息。然后，利用信息采集系统采集的数据信息，对网络新媒体产业的安全状况、风险级别、风险发生的概率进行分析、量化、判断并及时反馈，从而为预警反应系统提供科学依据。预警反应系统的主要功能是按照预警的分析结果，通过预测、预报、警示和调控等应对措施，启动相应的应急应对机制和措施，进行及时的反应，以对网络新媒体发展进行安全有效防控，最大限度地防范风险，保护网络新媒体产业的发展。

(二) 大力推进社会主义核心价值体系的建设

在看到网络新媒体可能带来负面影响的同时，也应该要看到，网络新媒体的信息传播特点和优势为社会主义核心价值观的传播和建设提供了新工具、新途径，主要是我们应如何利用好这个工具。我们可以利用网络新媒体的优点，大力推进社会主义核心价值体系的建设，一方面，加大充实网络上关于社会主义核心价值体系的信息资源，方便用户获取；另一方面也要充分整合各种资源，加强关于社会主义核心价值观的教育网站建设力度。

(三) 加大互联网信息治理力度

随着网络新媒体的迅速发展，在应对网络舆论风险时，必须强化服务意识和权利导向，形成强劲的多元治理结构。尤其是要加强网络新媒体的管理体制建设，从"多元"到"一元"，原先多个部门共同管理使得网络信息处理分散意见不集中，现在实行统一的标准，从分散到协同的管理体制。要将分散的互联网监管部门有效整合起来，合理划分和界定各自的权责范围，从而有效保证监管制度落实到位。

（四）加强公民信息保护力度

虽然公民个人信息作为其隐私受到国家法律保护，然而在网络新媒体条件下个人信息被泄露的情况时有发生。应该强化网络新媒体的主体责任，实施统一管理，形成合力。扩大打击范围，加大处罚力度，提高犯罪成本，对构成犯罪的，依法追究刑事责任，从而在犯罪成本上让不法分子望而却步，来减少乃至根治个人信息泄露的问题（刘平，2016）。

参考文献

1. 白志远：《中美政府采购信息安全制度比较研究》，《江汉论坛》2014年第11期。
2. 蔡尚伟、冯结兰、阚玉娜：《以效率为重心的媒体发展效益评价——以牡丹江新闻传媒集团为例》，《新闻界》2011年第7期。
3. 曹萍、张剑：《软件产业安全影响因素的实证研究——基于产业动态竞争力的视角》，《当代经济管理》2016年第3期。
4. 曾荣平、侯景娟：《发展文化产业维护意识形态安全的战略意义与路径选择》，《求实》2014年第1期。
5. 常凌翀：《文化产业的概念与分类》，《新闻爱好者》2013年第12期。
6. 程芳芳：《中美应急管理体系与科技支撑的现况及比较研究》，硕士学位论文，暨南大学，2011年。
7. 单春红、曹艳乔、于谨凯：《外资利用对我国产业安全影响的实证分析——外资结构效应和溢出效应的视角》，《产业经济研究》2007年第6期。
8. 单世联：《文化、政治与文化政治》，《天津社会科学》2006年第3期。
9. 邓甜：《我国文化产业安全预警机制研究》，硕士学位论文，南昌大学，2012年。
10. 范杨洲、周晓宏、贾强等：《我国文化产业安全态势及其对策研究》，《齐齐哈尔大学学报》（哲学社会科学版）2016年第4期。
11. 范玉刚：《中国文化产业发展战略研究》，《中原文化研究》2014年第1期。
12. 方丹：《新民族主义对我国文化安全和意识形态战略的冲击》，《武汉理工大学学报》（社会科学版）2015年第4期。

13. 高海涛、谢巍：《国际文化竞争中的中国文化产业安全研究》，《国际文化管理》2014年第0期。

14. 郭新宁：《论中国国家安全战略方针》，《外交评论》（外交学院学报）2006年第2期。

15. 国家发展和改革委员会宏观经济研究院课题组：《中国产业安全态势评估、国际借鉴及若干对策建议》，《改革》2009年第4期。

16. 韩源：《全球化背景下维护我国文化安全的战略思考》，《毛泽东邓小平理论研究》2004年第4期。

17. 郝良华：《美国文化霸权与中国国家文化安全》，博士学位论文，山东大学，2012年。

18. 郝文庆：《意识形态安全视阈下文化产业的发展》，《中共青岛市委党校：青岛行政学院学报》2016年第2期。

19. 何其生、张喆：《国际自由贸易中的"文化例外"原则》，《公民与法》（法学版）2012年第5期。

20. 何维达、何昌：《当前中国三大产业安全的初步估算》，《中国工业经济》2002年第2期。

21. 何维达、李冬梅：《我国产业安全理论研究综述》，《经济纵横》2006年第8期。

22. 何维达、潘玉璋、李冬梅：《产业安全理论评价与展望》，《科技进步与对策》2007年第4期。

23. 何志勇：《外资并购对我国产业安全的作用机制研究》，博士学位论文，哈尔滨工程大学，2011年。

24. 胡惠林：《当前中国文化战略发展的几个问题》，《艺术百家》2011年第6期。

25. 胡惠林：《国家文化安全：经济全球化背景下中国文化产业发展策论》，《学术月刊》2000年第2期。

26. 胡惠林：《文化产业发展与国家文化安全——全球化背景下中国文化产业发展问题思考》，《上海社会科学院学术季刊》2000年第2期。

27. 花建：《文化产业竞争力的内涵、结构和战略重点》，《北京大学学报》（哲学社会科学版）2005年第2期。

28. 黄欣欣：《我国文化产业对外开放对文化产业安全的影响研究》，硕士学位论文，南昌大学，2011年。

29. 黄旭东：《论中国文化产业发展与文化安全》，《求索》2009年第6期。

30. 惠光东、周晓宏、范杨洲：我国文化产业安全预警体系的构建研究》，《齐齐哈尔大学学报》（哲学社会科学版）2016年第8期。

31. 纪晓涵：《西方文化产业对我国文化安全的挑战及应对策略研究》，硕士学位论文，河北师范大学，2013年。

32. 蒋昭乙：《垂直专业化、外商直接投资与产业安全》，《世界经济与政治论坛》2009年第6期。

33. 解学芳：《网络文化产业公共治理全球化语境下的我国网络文化安全研究》，《毛泽东邓小平理论研究》2013年第7期。

34. 解学芳、臧志彭：《网络文化产业公共治理全球化与国家网络文化安全》，《全球治理：新认识与新实践——上海市社会科学界第十届学术年会文集（2012年度）世界经济·国际政治·国际关系学科卷》2012年。

35. 金元浦：《做好文化顶层设计，转变文化发展方式》，《福建论坛》（人文社会科学版）2011年第10期。

36. 景玉琴：《产业安全评价指标体系研究》，《经济学家》2006年第2期。

37. 景玉琴：《开放、保护与产业安全》，《财经问题研究》2005年第5期。

38. 李炳炎：《外资并购与我国产业安全》，《探索》2007年第6期。

39. 李炳炎、唐思航：《外资过度并购我国企业的风险与对策》，《国家行政学院学报》2008年第1期。

40. 李成强：《产业安全理论评介、涵界与展望》，《黑龙江社会科学》2008年第3期。

41. 李金齐：《文化安全：一个关乎国家存亡的现实问题》，《思想战线》

2006 年第 1 期。

42. 李孟刚：《产业安全理论》，高等教育出版社 2010 年版。

43. 李孟刚：《产业安全理论研究》，《管理现代化》2006 年第 3 期。

44. 李孟刚：《产业安全理论研究》，经济科学出版社 2012 年版。

45. 李毅、漆玉伶、王钦萍等：《经济全球化趋势下我国文化产业安全的研究》，《南京财经大学学报》2012 年第 3 期。

46. 廉同辉、李春雷、袁勤俭等：《文化"走出去"视角下数字出版内容创新研究》，《学术论坛》2015 年第 2 期。

47. 廖倩：《开放经济条件下我国文化产业安全评估与影响因素分析》，硕士学位论文，湖南大学，2012 年。

48. 林宏宇：《文化安全：国家安全的深层主题》，《国家安全通讯》1999 年第 8 期。

49. 刘冲：《外商投资与产业安全维护问题——发达国家的成功经验及其对我国的启示》，《湖南社会科学》2012 年第 6 期。

50. 刘建江、陈海燕、贺平等：《利用外资中的产业安全维护：美、日、韩、墨四国经验》，《长沙理工大学学报》（社会科学版）2008 年第 4 期。

51. 刘金祥、刘行健：《维护文化安全应借鉴发达国家文化产业政策经验》，《乡音》2016 年第 6 期。

52. 刘梅、田雯婧：《浅谈文化产业建设对我国文化安全的影响》，《长江丛刊》2016 年第 24 期。

53. 刘强：《跨国公司在华投资对我国产业安全影响机理分析》，《科学与科学技术管理》2011 年第 12 期。

54. 刘永平：《我国产业安全政府监管体系研究》，博士学位论文，北京交通大学，2016 年。

55. 卢新德：《跨国公司本土化战略与我国产业安全》，《世界经济与政治论坛》2004 年第 3 期。

56. 路红艳、王保伦：《论我国产业损害预警机制的构建》，《经济前沿》2006 年第 1 期。

57. 栾绍娟：《我国进口贸易中的产业损害预警机制及应急预案研究》，

硕士学位论文，中国石油大学，2007年。

58．马建会：《加入WTO后影响我国产业安全的八大因素》，《亚太经济》2002年第4期。

59．彭剑波：《我国进口反倾销的现状、问题及对策透视——兼论合法有效保护国内产业》，《经济问题探索》2006年第6期。

60．齐兰：《垄断资本全球化对中国产业发展的影响》，《中国社会科学》2009年第2期。

61．邱晓虹：《公共危机信息管理体系构建与运行机制研究》，《经营管理者》2013年第21期。

62．任学慧、王月：《滨海城市旅游安全预警与事故应急救援系统设计》，《地理科学进展》2005年第4期。

63．盛京京：《中国网络文化产业安全面临的挑战和应对策略》，《中国商贸》2013年第9期。

64．石文卓：《文化安全视域下法国文化政策及其现实启示》，《理论界》2016年第6期。

65．史欣向、李善民、王满四等：《"新常态"下的产业安全评价体系重构与实证研究——以中国高技术产业为例》，《中国软科学》2015年第7期。

66．宋铁波、钟槟：《制度化程度、在位者影响力与阻止进入战略的有效性：基于合法性视角的研究》，《经济体制改革》2012年第3期。

67．孙茜、王建平：《谈中国文化产业安全体系的构建》，《企业家天地》2013年第3期。

68．孙瑞华：《贸易自由化条件下影响我国产业安全的环境因素分析》，《经济体制改革》2005年第6期。

69．田蕾：《价值链视角下的文化产业与科技创新融合分析》，《新闻界》2013第13期。

70．佟东：《中国文化产业结构安全对文化产业发展的影响》，《改革与开放》2015年第23期。

71．王发明：《国外产业安全理论研究：脉络、前沿与启示》，《重庆大学学报》（社会科学版）2008年第6期。

72. 王发明、毛荐其：《基于全球技术链的我国产业技术安全研究》，《经济与管理研究》2009年第10期。

73. 王沪宁：《文化扩张与文化主权：对主权观念的挑战》，《复旦学报》（社会科学版）1994年第3期。

74. 王辉：《商务部产业损害预警系统模型与核心算法的研究》，硕士学位论文，河南大学，2008年。

75. 王建平：《创建文化产业安全预警系统 推动文化产业发展》，《人民政协报》2013年4月23日。

76. 王建平：《切实维护我国文化产业安全》，《光明日报》2013年8月5日。

77. 王景云：《战后美国文化产业政策维护国家安全的实践及启示》，《国外社会科学》2016年第2期。

78. 王晓德：《全球自由贸易框架下的"文化例外"——以法国和加拿大等国抵制美国文化产品为例》，《世界经济与政治》2007年第12期。

79. 王元京：《外商在关键性产业投资并购对产业安全的影响》，《经济理论与经济管理》2007年第4期。

80. 魏军平：《预警机制保护产业安全》，《中国经贸》2005年第7期。

81. 文红、袁尧清：《区域旅游产业安全影响因素、评价指标体系及旅游安全实现路径》，《商业经济》2014年第5期。

82. 吴华清、黄志斌：《价值链、产业转移与国家产业安全》，《国际商务》（对外经济贸易大学学报）2009年第5期。

83. 吴佩芬：《我国文化产业发展与意识形态安全研究》，《思想战线》2011年第5期。

84. 夏兴园、王瑛：《国际投资自由化对我国产业安全的影响》，《中南财经大学学报》2001年第2期。

85. 向勇：《文化产业导论》，北京大学出版社2015年版。

86. 肖凌峰：《论我国产业损害预警制度》，硕士学位论文，湘潭大学，2010年。

87. 谢朝武：《我国旅游安全预警体系的构建研究》，《中国安全科学学报》2010 年第 8 期。

88. 熊澄宇、傅琰：《关于当前我国文化产业分类标准的研究》，《社会科学战线》2012 年第 1 期。

89. 徐荃子、董银红、赖晓：《刍议电子信息产业安全的构成》，《商业时代》2009 年第 26 期。

90. 徐运红、王华东、刘成：《河北省旅游产业安全影响因素及提升对策研究》，《河北工程大学学报》（社会科学版）2015 年第 1 期。

91. 杨晓芳：《专家共议文化安全与软实力提升》，《中国出版》2016 年第 11 期。

92. 杨洋：《产业损害调查程序及典型案例介绍》，《武汉商务》2010 年第 10 期。

93. 叶雪：《国家文化产业安全的法律思考——以文化产业对外开放为视角》，《出版科学》2015 年第 2 期。

94. 于萍：《浅析加入 WTO 后我国的文化产业安全问题》，《江南社会学院学报》2002 年第 4 期。

95. 宇文博：《我国文化产业安全形势及发展对策研究》，《广西社会科学》2014 年第 3 期。

96. 张博颖、苗伟：《文化软实力与社会主义意识形态安全》，《天津社会科学》2010 年第 3 期。

97. 张立超、房俊民、高士雷：《基于产业竞争情报的产业风险预警体系构建研究》，《情报理论与实践》2011 年第 6 期。

98. 张娜娜：《国际贸易中产业安全预警机制比较研究》，华东政法大学，2013 年。

99. 张文联：《发达国家产业安全的保护之路》，《中国投资》2006 年第 10 期。

100. 张晓梅：《我国文化安全存在的问题及对策研究》，硕士学位论文，东北林业大学，2011 年。

101. 赵欢春：《"总体国家安全"框架下的意识形态安全风险预警探究》，《马克思主义研究》2015 年第 11 期。

102. 赵建华：《全球化背景下我国的文化安全》，硕士学位论文，郑州大学，2007年。

103. 郑宝华、李东、曹泽等：《基于产业竞争力的产业安全成因分析》，《经济学动态》2008年第4期。

104. 致公组：《关于建立产业损害预警系统的提案》，《中国科技产业》2008年第3期。

105. 朱嘉林、王让新：《关于国家文化安全预警机制的思考》，《攀枝花学院学报》2004年第6期。

106. 朱全红：《美国多元文化外交政策及其历史演变研究》，博士学位论文，华东师范大学，2004年。

107. 朱小娟：《产业损害预警机制建设及运行情况介绍》，《武汉商务》2010年第10期。

108. 祝金龙、解志韬、李小星：《FDI对我国产业安全的影响及对策分析》，《中国科技论坛》2009年第3期。

109. 祝年贵：《利用外资与中国产业安全》，《财经科学》2003年第5期。

110. 黄妍妮、周晓宏、孔令池：《我国文化产业安全影响因素研究》，《文化产业研究》2017年第1期。

111. 揭晓：《论文化产业视阈下主流意识形态大众化传播》，《广西社会科学》2015年第10期。

112. 周晓宏等：《我国文化产业安全概念内涵及其分析框架》，《文化产业研究》2016年第1期。

113. 惠光东、周晓宏等：《我国文化产业安全预警体系的构建研究》，《齐齐哈尔大学学报》（哲学社会科学版）2016年第8期。

114. 范杨洲、周晓宏等：《我国文化产业安全态势及其对策研究》，《齐齐哈尔大学学报》（哲学社会科学版）2016年第4期。

115. 范杨洲、周晓宏等：《经济视角下中国电影产业安全评价实证研究》，《安徽工程大学学报》2017年第5期。